马克思诞辰200周年纪念文库
The 200ᵗʰ Anniversary Books for Karl Marx

当代大学生社会责任感培育实证性研究

刘　峰 | 著

图书在版编目（CIP）数据

当代大学生社会责任感培育实证性研究／刘峰著．
—北京：中央编译出版社，2019.4
ISBN 978-7-5117-3673-4

Ⅰ．①当…
Ⅱ．①刘…
Ⅲ．①大学生—社会责任—责任感—研究—中国
Ⅳ．① G641.7

中国版本图书馆 CIP 数据核字（2018）第 288092 号

当代大学生社会责任感培育实证性研究

出 版 人：葛海彦
责任编辑：李易明
责任印制：刘　慧
出版发行：中央编译出版社
地　　址：北京西城区车公庄大街乙 5 号鸿儒大厦 B 座（100044）
电　　话：(010) 52612345（总编室）　　　(010) 52612339（编辑室）
　　　　　(010) 52612316（发行部）　　　(010) 52612346（馆配部）
传　　真：(010) 66515838
经　　销：全国新华书店
印　　刷：三河市华东印刷有限公司
开　　本：710 毫米×1000 毫米　1/16
字　　数：167 千字
印　　张：15
版　　次：2019 年 4 月第 1 版
印　　次：2019 年 4 月第 1 次印刷
定　　价：85.00 元

网　　址：www.cctphome.com　　　邮　　箱：cctp@cctphome.com
新浪微博：@中央编译出版社　　　微　　信：中央编译出版社（ID：cctphome）
淘宝店铺：中央编译出版社直销店（http://shop108367160.taobao.com）(010) 55626985

本社常年法律顾问：北京市吴栾赵阎律师事务所律师　　闫军　　梁勤
凡有印装质量问题，本社负责调换，电话：(010) 55626985

目录

第一章 绪论 ... 1

一、研究缘起及意义 ... 5
  （一）问题的提出 ... 5
  （二）研究意义 ... 7

二、国内外研究现状 ... 8
  （一）国外研究现状 ... 8
  （二）国内研究现状 ... 12
  （三）国内外研究现状分析 ... 14

三、研究思路与方法 ... 15
  （一）研究思路 ... 15
  （二）研究方法 ... 16

四、研究难点与创新 ... 17
  （一）研究难点 ... 17
  （二）研究的创新性 ... 17

第二章　大学生社会责任感培育的基础理论 …… 19

一、相关概念界定 …… 19

（一）责任的内涵 …… 19

（二）责任感的内涵 …… 25

（三）社会责任感的内涵 …… 29

（四）大学生社会责任感的内涵 …… 34

（五）大学生社会责任感培育的内涵 …… 41

二、大学生社会责任感培育的基础理论与借鉴 …… 47

（一）马克思主义自由与责任关系学说的理论支撑 …… 47

（二）中国传统文化责任观的理论借鉴 …… 51

（三）中国特色社会主义理论中责任观的依据 …… 58

第三章　大学生社会责任感培育的实证论 …… 69

一、大学生社会责任感的现状调查 …… 69

（一）调查的相关信息 …… 69

（二）调查结果及分析 …… 72

二、大学生社会责任感的现状分析 …… 99

（一）大学生社会责任感的主流取向 …… 99

（二）大学生社会责任感的影响因素 …… 102

第四章　大学生社会责任感培育的问题论 …… 114

一、大学生社会责任感的问题分析 …… 114

（一）国家责任感的问题 …… 114

（二）社会责任感（狭义）的问题 …………………………… 119
　　（三）他人责任感的问题 …………………………………… 123
　　（四）家庭责任感的问题 …………………………………… 126
　　（五）自我责任感的问题 …………………………………… 129
二、大学生社会责任感的问题原因 ……………………………… 131
　　（一）社会教育弱化是宏观原因 …………………………… 131
　　（二）家庭教育偏颇是根本原因 …………………………… 136
　　（三）学校教育虚化是直接原因 …………………………… 140
　　（四）自我教育缺乏是内在原因 …………………………… 144

第五章　大学生社会责任感培育的模式论　148

一、大学生社会责任感培育的理念 ……………………………… 148
　　（一）大学生社会责任感培育理念的内涵 ………………… 148
　　（二）大学生社会责任感培育理念的意义 ………………… 158
二、大学生社会责任感培育的目标 ……………………………… 174
　　（一）大学生社会责任感培育目标确立的依据 …………… 174
　　（二）大学生社会责任感培育目标层次结构 ……………… 177
　　（三）大学生社会责任感培育目标发展结构 ……………… 181
三、大学生社会责任感培育的原则 ……………………………… 183
　　（一）坚持个体目标与社会目标相统一的目标原则 ……… 183
　　（二）坚持传递过程与接受过程相符合的过程原则 ……… 187
　　（三）坚持经典方法与新型方法相结合的方法原则 ……… 190
　　（四）坚持微观环境与宏观环境相匹配的环境原则 ……… 195

四、大学生社会责任感培育的对策 …………………………… 198
　（一）优化社会教育，实现制度建设与宣传实践相结合 … 198
　（二）提升家庭教育，实现言传身教与创设情境相结合 … 202
　（三）强化学校教育，实现相关课程与校园活动相结合 … 205
　（四）提倡自我教育，实现理论学习与实际行动相结合 … 208
　（五）构建学校、家庭、社会、个人四位一体的协作培养
　　　 体系 ………………………………………………………… 211

附录　大学生社会责任感现状调查问卷及结果 ………… 215

参考文献 ……………………………………………………… 224

第一章 绪 论

马克思曾说过:"作为确定的人,现实的人,你就有规定,就有使命,就有任务,至于你是否意识到这一点,那都是无所谓的。这个任务是由于你的需要及其与现存的世界的联系而产生的。"① 这段话告诉我们什么是责任。责任是与现存的世界的联系而产生的,你是社会的一个成员,就应承担相应的任务,完成相应的使命,做好分内的事。责任,存在于社会的每一个角色中,父母应养儿育女、儿女应孝敬父母、教师应教书育人、学生应尊师好学、医生应救死扶伤、军人应保家卫国……人在社会中,就必然要对自己、对家庭、对集体、对国家承担并履行一定的责任。责任,是对使命的忠诚和信守,是人生成就的基石。人的一生必须承担各种各样的责任,社会的、家庭的、工作的、朋友的,等等。人不能逃避责任,对于自己应承担的责任要勇于承担,放弃自己应承担的责任时,就等于放弃了生活,也将被生活所放弃。责任源于忠诚。一个人,只有对他所从事的工作充满责任感,他才能做到对国家、对人民忠诚。把简

---

① 《马克思恩格斯全集》第 3 卷,人民出版社 1960 年版,第 329 页。

单平凡的事情千百遍重复不断地做得完美无缺,就是不简单、不平凡。

天下兴亡,匹夫有责。责任是一个让我们既耳熟能详,又难以良好诠释的名词,它包含着丰富的内容,并伴随着每个人生命的始终,贯穿于每个人的心理与行为活动之中。责任不仅是个人的行为准则,更是社会的存在之本。社会若要和谐发展,必须建立在社会人群的高度责任感之上。

关于"责任"的诠释,在《现代汉语词典》中有这样两层意思:一为分内应做的事;二为没有做好分内应做的事,而应当承担的过失[①]。这种释义在词源上具有代表性。"分内之事",我们可以理解为是一种职责或责任关系,这是"积极责任";"没有做好应做之事",这是"消极责任"。根据这个诠释,我们认为"责任"的狭义内涵可以从两个方面理解:从"责任"第一层含义看,它说明责任与责任主体的社会角色是相联系的,是各种社会规范要求责任主体负担与自己的社会角色相适应的行为,表明了社会对责任主体的行为预期;从"责任"第二层含义看,它说明社会对责任主体行为不符合社会规范所给予的谴责和制裁,是反馈社会对其成员不履行或没履行好责任而进行的处置[②]。由于"责任"有两重含义,责任的实现也包括两个方面。就积极意义上的责任而言,它的实现有赖于责任主体对自己责任的认识和对自己行为的掌握和控制,如果认识正确,且行为得当,他就会成功履行自己的责任,圆满地实现自

---

① 中国社会科学院语言研究所词典编辑室:《现代汉语词典》,商务印书馆 2002 年版。
② 聂海洋:《责任内涵的新阐释》,载《东北师范大学学报》(哲学社会科学版),2009年第1期。

己的责任，责任通过这种方式和途径的实现是最理想的。就消极意义上的责任而言，它的实现依靠社会采取处置措施，是社会对责任主体偏离社会规范行为的惩罚和制裁。责任通过这种方式和途径实现尽管不是理想的，却是建立社会秩序所必要的，因为不对偏离社会秩序的行为惩罚和制裁，社会规范就失去了效力，社会也就失去了秩序。

关于责任感，国内的学者一般将责任感称为责任心。燕国材认为责任心是由责知、责情、责意与责行四个因素有机结合构成的一种重要的个性品质，它所包含的四个部分是：责知，即对责任的认识；责情，即对责任的体验；责意，即责任意志；责行，即责任行为。[①] 赵兴奎和张大均认为责任心至少应包括责任认识、责任情感和责任行为三个方面。其中，责任认知是基础因素，责任情感是动力因素，责任行为是落实因素，三者相互联系、相互作用，共同构成责任心的整体。[②] 在国外早期关于责任感的研究中，对于责任感的定义也无统一定论。直到1994年，有德国学者建立了一个责任感的三角模型，对责任感有了比较全面的定义。他们认为责任感是一种黏合剂，将行动者、行为准则以及事件产生的结果等联系起来，责任感的三角模型有三个成分，一个是行为准则（prescription），另一个是事件及其后果（event），还有行动者的角色定位（identity），prescription 指的是行为的一般规则，它包括相关的行为标准，还包括合适的途径去达到这些目标，event 指的是行为本身及行为产生的可以

---

① 燕国材：《再论责任心及其培养》，载《中学教育》，2001年第2期。
② 赵兴奎、张大均：《责任和责任心的涵义与结构》，载《山西财经大学学报》，2007年第10期。

被用来做相关评价的结果，identity 指的是行动者的角色、能力、义务等。①

社会责任是指为了社会的有序运行、良性发展，社会个体应履行的各种义务和应承担的相应责任。就其内容而言，它分为两个层次：一是个人必须让自身的行为对社会负责，对自身行为的后果负责，即个人对社会必须做到什么，属于基础的、道德层面的内容；二是个人在社会中必须从事一定的社会分工，承担相应的职责和任务，即个人在社会中应该做些什么，属于价值层面的内容。那么，从事社会分工，为他人和社会服务，直接反映个人的社会价值。②

社会责任感是个人对自己所应履行的各种义务及应承担的社会责任的自我意识，是对社会责任的一种觉悟。它是一种自律意识，是个人对自身行为的约束，同时也是对自身发展所提出的要求。责任感的本质特点决定了责任感的重要价值。责任感实际上是人的一种心灵秩序，它能遏制扭曲的权利、膨胀的物欲，校正人的行为和无限制的自由，帮助人类实现社会的良性运行。另外，责任感可以激发人们对社会负责和不断创新的激情。

实际上，在我国，早在春秋战国时期的诸子典籍中就已蕴含着不少关于责任的精辟论断；在西方，古希腊的亚里士多德也曾专门论述过责任问题，并对西方文化产生了深远影响。儒、释、道向来被认为是中华民族传统文化之精髓，是中国伦理文化的源流主干。尤其是儒家心忧天下、仁民爱物的性命伦理之学，更是被奉为中国传统文化的核心价值理念。牟宗三曾将此精当地概括为"开辟价值

---

① 参见李鹏：《社会责任感的认知神经机制研究》，西南大学 2012 年博士论文。
② 谢伟华：《社会责任感与大学生成才》，载《高等教育研究》，2006 年第 3 期。

之源，挺立道德主体，莫过于儒"，并指出"在危疑时代，能挺起来作中流砥柱的，只有儒家"①。儒家所强调的"内圣外王""以天下为己任"的士人精神，"修己济世""兼善天下""弘毅力行"的君子人格，皆关乎一种独特责任意识，直接影响到国人民族性格的孕育、积淀。

德国古典哲学创始人康德，把责任作为道德哲学的核心，开创义务伦理学的先河。在马克思主义哲学的观点中，任何事物都不是孤立存在的，它总是与外界环境不断进行着物质与能量的转化。作为社会个体，每一个人总是与他人或其他群体相互联系的。只有强烈的责任意识，既包括对自己、也包括对他人和社会的责任意识蕴含于人的个体行为中的时候，才能真正创造有助于社会进步的价值。由上述可见，责任感不仅有其悠久而雄厚的传统文化背景，更有古今中外的交融，是人类社会永恒的话题之一。

一、研究缘起及意义

（一）问题的提出

当前中国社会显现出一些不尽如人意的缺失和沉溺，有学者认为这些不良现象产生的本源就在于责任的缺失和相应道德伦理观的混乱。我国正处在社会转型期，陈旧的价值观念已日渐式微，新的价值观念还处在形成、发展阶段，尚不能成为人们普遍认可的价值观念，这就容易导致价值观的错位、缺失，造成社会人群责任意识

---

① 牟宗三：《中国哲学十九讲》，上海古籍出版社2005年版。

下滑、责任感缺失，因此，社会中才会出现诸多消极、不良的现象。这些消极现象严重危害社会意识形态的健康形成，对我国现代化建设与社会和谐发展形成巨大挑战，亟须全社会采取有效措施妥善应对。

大学生社会责任感的强弱，不仅深刻影响着大学生自身，还关系到国家的发展和民族的前途。《中共中央　国务院关于进一步加强和改进大学生思想政治教育的意见》指出："加强和改进大学生思想政治教育。……要以理想信念教育为核心，深入进行树立正确的世界观、人生观和价值观教育，使大学生正确认识社会发展规律，认识国家的前途命运，认识自己的社会责任。"《国家中长期教育改革和发展规划纲要（2010—2020）》将着力提高学生服务国家、服务人民的社会责任感列入教育发展重要战略。2016年"五四"青年节前夕，习近平总书记在考察中国科技大学时勉励大学生要做"有理想、有追求、有担当、有作为、有品质、有修养"的大学生。其中的"有担当、有作为"就是社会责任感的体现。"六有青年"的提出也体现了党和国家对于大学生社会责任感培养的高度重视。党的十九大报告中指出："推进诚信建设和志愿服务制度化，强化社会责任意识、规则意识、奉献意识……青年兴则国家兴，青年强则国家强。青年一代有理想、有本领、有担当，国家就有前途，民族就有希望。"

社会主义核心价值体系是兴国之魂，决定着中国特色社会主义发展方向。当代大学生是国之栋梁，肩负着社会主义现代化建设的历史重任，培养有高度社会责任感的大学生具有鲜明的时代意义。如何培养具有社会责任感的当代大学生，是新时期中国特色社会主义建设中的一项重要课题，同时，也是一项长期的、艰巨的、循序渐进的工程。本书旨在系统归纳总结并提炼大学生社会责任感的内涵，深入研究大学生社会责任感的实质，探索培养大学生社会责任感的长效机制，整体提升大学生社会责任意识，增强社会责任感，努力践行大学生的社会责任，为高校思想政治教育及更好地进行社会主义核心价值观的培育和践行，提出些许建设性意见。

(二) 研究意义

首先，"责任"一词是耳熟能详、人尽皆知的词汇。那么责任究竟是什么？一旦我们试图就其本质进行深入研究时，往往会陷入一种深深地迷惑之中。不同的学科领域以及不同的研究者对于责任的理解和建构存在很大分歧，中西方理论界对于责任内涵与本质的界定和解读也大相径庭，日常生活中的责任内涵与学者在研究中对于责任的建构也很不一致。因此，澄清这些差异和分歧的实质并从中抽离出责任的基本内涵，对于责任问题的研究走向深入具有重要的理论意义。

其次，我国高等教育实施的素质教育是以提高人才素质为内容和目的的教育。而思想道德素质是根本和灵魂，是内在的本质的东西；社会责任是外在的、物化的、可见的现象与行为。因此，高等院校要培养高级专门人才，必须遵循培养社会主义人才的要求，把培养大学生社会责任感作为思想道德素质教育的首要任务来抓。开展大学生社会责任感内涵研究，探索大学生社会责任感的培养机制，有利于深化社会主义核心价值体系的学习和实践，有利于构建社会主义和谐社会，有利于大学生的全面成长。

再次，作为一种道德情感，社会责任感是知、情、行的统一，是人的内在精神价值和外在行为规范的有机结合。总体上看，具有较强的社会责任感是当代大学生群体的主流，但不可忽视社会责任感缺失现象在部分大学生中亦有日益凸显的趋势。当代大学生是祖国的未来、民族的希望，大学生能否树立强烈而牢固的社会责任感，不仅关系个体理想信念的实践，更与国家前途和民族命运紧密相关。因此，在落实科学发展观和建设社会主义和谐社会过程中，我们应当将大学生社会责任感教育与培养放在战略高度来认识，并作为教育实践的重要环节。

最后，大学生作为国家未来发展的栋梁，他们是否具有强烈的社会责任感不仅影响到未来社会的财富分配是否公平、社会关系能否协调发展和国家能否长治久安，更是中华民族能否全面加强社会主义经济建设、政治建设、文化建设与和谐社会建设，能否重新崛起于世界民族之林的重要保障。因此，明确大学生社会责任感的时代内涵，研究大学生社会责任感的培养机制，具有重要的理论和实际应用价值。

二、国内外研究现状

（一）国外研究现状

从搜集到的文献来看，当前国外对责任问题的研究呈现出数量增多、范围加大、程度加深的趋势。近年来专门以责任为主题的论著层出不穷，这些著作有史有论，极大地延展了责任研究的范围与深度。当前国外对责任的研究大致概括为以下五个方面：

1. 责任的基础理论研究

国外陆续涌现出许多对概念、本质、结构等责任的基础理论进行研究的文献，比如魏舍德尔（Wilhelm Weischedel）的《责任的本质》、范伯格（Joel Feinberg）的《理性和责任：哲学基础问题读本》和《责任理论》、匹西特（G. Picht）的《真理、理性与责任》等。这些学者从不同角度来理解责任的本质，并基于此对责任进行了多种类型的划分。伦克（Hans Lenk）在《在科学与伦理之间》将责任视为一个包含多种因素和关系的复杂结构，认为责任是指某人为了某事，在某一主管面前根据某项标准在某一行为范围内负责。美国现代哲学家哈特（H. L. A. Hart）在《惩罚与责任》一书中从地位、原因、义务和能力四个角度分析了责任的概念与类别。鲁卡斯（J. R. Lucas）则认为责任的核心概念应该是一种应答，在《责任》一书中明确指出责任意味着当他人向我询问时我必须作出的回答。这种观点与法国哲学家列维那斯（E. Levinas）对责任的认识比较一致。列维那斯倡导一种为他性的责任，指出责任是塑造伦理主体的理由，我之存在便是责任的存在。列维那斯的责任思想渗透在他的许多著作中，如《从存在到存在者》《总体与无限》《伦理与无限》等。以上学者尤其是列维那斯关于"他者"的伦理哲学对本书提出的关于责任本质的认识影响颇深。

2. 道德责任研究

道德责任一直都是责任研究的核心主题之一。威廉姆斯（John M. D. Williams）的《道德责任发展史》对道德责任进行了总体性的研究。约翰·费舍（John Martin Fischer）的《道德责任的前景》《责任与控制——一种道德责任理论》，拖马斯·梅因（Thomas

May）的《自治、权威与道德责任》，都从不同角度展开道德责任与控制、权威等相关范畴的关系。魏舍德尔在《责任与基督教伦理》中指出要把行为者的、社会的和对话式的三种道德责任理论整合，建立一种整体的、综合的道德责任理论。有部分学者探讨了道德责任与归因原理之间的关系，比如维纳（Bernard Weiner）在《责任推断：社会行为的理论基础》一书中对其研究进行了全面的总结。还有许多学者从不同视角研讨了自由意志与道德责任的关系，为这一传统道德责任问题拓展了视角与深度。如罗伯特·凯恩（Robert Kane）在《自由意志与价值》《自由意志当代导论》等著作中对自由意志的意义及其与道德责任的关系进行了深入分析。雅斯贝尔斯（Karl Jaspers）在《德国罪过问题》中对法律、政治、道德以及形上责任进行深入讨论，并把讨论的重点放在与德国普通公民有关的政治、道德和形而上这三种责任上，尤其注重后两种责任问题。这些著作与思想对本书探讨自由与责任关系、责任的道德价值等问题影响较大。

3. 责任伦理研究

自韦伯（Webber）在《作为职业的政治》的演讲中首次提出"责任伦理"的概念以来，责任伦理问题引起了学者的广泛重视。舒尔茨（W. Schulz）、比恩巴赫尔（D. Birnbacher）以及帕斯莫尔（J. Passmore）等一批学者为责任伦理学的建构都作出了贡献。美国学者雷德（John Ladd）强调一种预防性的或前瞻性的责任。伦克在《应用伦理学导论——责任与良心》一书中探究了良知伦理与责任伦理的关系，德裔美籍学者尤纳斯（Hans Jonas）在《责任之原则——工业技术文明之伦理的一种尝试》中强调当代科技文明的危机迫使我们阐发出一种长远的、未来的责任意识，并表明责任伦理应该是一种整体性伦理。

4. 心理学视角的责任研究

20世纪60年代，欧美的一些心理学家开始从心理层面探究责任承担者的认知、行为动机、价值观等心理问题。心理学视角的责任研究主要涉及责任体验、责任情境等方面的研究。奥哈根（Auhagen）在《社会现象的多重面目》中把责任看作是一种活动过程，积极性、自我效能和控制尤为重要。奥哈根指出，责任拒绝作为一种责任体验，受内在心理体验及其外部情境变量的影响。

5. 责任在具体领域内的应用性研究

近年来，责任的应用性研究也取得了一定进展，主要集中在经济、政治、法律和学术等具体领域内。霍华德·鲍恩（Howard R. Bowen）的《企业家的社会责任》一书，基本上强调企业在追求自身利益和权利的同时必须尽到对社会的责任和义务。杰拉尔德·福斯特（Gerald W. Faust）等人在《责任制造结果》中对责任的内涵重新定义，通过在"对谁负责"与"为什么负责"两个维度上的分析，指出管理的终极目标在于使人们为结果而非行为过程负责。特里·库帕（Terry L. Cooper）在《行政伦理学：实现行政责任的途径》一书中，指出行政责任可以分为主观责任和客观责任。客观责任是与职责和义务等从外部强加的可能事物相关的责任；主观责任则与那些我们自己认为应该为之负责的事物相关。哈特在《惩罚与责任》一书，他对刑罚的概念、目的及适用等问题作了重新阐释，还有英国法学家凯恩（Peter Cane）的《法律和道德下的责任》、达西（Shane Darcy）的《国际法视阈下的责任和义务》、考莱特

(J. Angelo Corlett)的《责任与惩戒》等著作。学术责任方面,唐纳德·肯尼迪(Donald Kennedy)的《学术责任》是现代学术责任研究的代表著作。他深刻批判了由于信息的不对称,作为公共空间的大学实质上成为一个封闭的暗箱,大学不善于向社会解释自己的规则和价值取向,社会对大学的批判也具有很大盲目性。

鲍曼(Zygmunt Bauman)对责任的研究对本书具有非常重要的影响。鲍曼是当代西方最著名的研究现代性与后现代性问题的理论家之一。他以"二战"大屠杀和知识分子角色的转换为切入点,以后现代性为参照系,以生动的笔调分析了源于现代性的动力机制和理论追求内在的两难困境。鲍曼在《现代性和大屠杀》等多部著作涉及"责任的漂浮"这一问题,这对本书的立意与构思有着关键性的影响。

(二)国内研究现状

国内关于责任的哲学研究主要有两种形式。第一种形式是对国外研究成果的介绍,一般以单个人物思想的方式展开。高湘泽的专著《责任人道主义与社会辩证法——萨特哲学探要》运用大量篇幅深入探讨了萨特的责任人道主义思想,认为责任人道主义是萨特哲学中始终一贯的最基本的精神。孙庆斌的专著《勒维纳斯:为他人的伦理诉求》,在把勒维纳斯关于"他者"的理论哲学思想置于20世纪西方文化批判视野之中加以审视的同时,挖掘列维纳斯责任思想的理论特征和理论价值。方秋明的著作《为天地立心,为万世开太平——汉斯·约纳斯责任伦理学研究》以及江庆心的博士论文《古斯塔夫森的"神本主义"责任伦理思想研究》等都是对某个思想家责任思想的解读。

国内责任研究的第二种形式是围绕责任的理论与实践进行问题研究。就具体问题而言，大致可分为四大类：

1. 对责任进行总体性研究

程东峰在《责任论：关于当代中国责任理论与实践的思考》中探讨了责任的产生与演变，责任认同、教育、分配、实现、评价、监督、赏罚与自我实现，并在当代责任分析的基础上提出把责任作为道德评价的标准。谢军在《责任论》中指出责任是我们这个时代的一个突出问题，把责任置于价值论、伦理学的理论视野，从责任与人的生存和幸福的关系出发，系统探讨了责任的前提、责任的价值、责任的保证、责任的冲突与选择、责任的实现等问题，提出了责任问题研究的基本理论框架。当前对责任进行总体性研究的著作中，要么更多地从历史呈现的责任现象来把握，略显理论基础薄弱；要么较少涉及当代社会的责任变迁与发展，还需要进一步完善。

2. 政治与道德责任研究

郭金鸿的著作《道德责任论》，细致地阐述了道德责任的判断理论、实现保证及其存在的哲学论证等问题，对本文责任内涵的建构具有借鉴意义。潘晓珍的著作《政府的道德责任》探讨了政府承担社会道德责任的必要性、内在序列与意义等问题。韩莹莹的专著《行政道德责任：反思与构建》分析了行政道德责任的本质特征、基本功能等问题，从责任的视角审视当代中国行政道德失范问题的根源。刘雪丰的专著《行政责任的伦理透视——论公共行政人员的道德责任》主要探讨了公共行政人员德道德责任问题的变迁、困惑与障碍以及实现等问题。

3. 关于意志自由与责任关系研究

徐向东的编著《自由意志与道德责任》，着重从历史渊源和当代争论两个侧面，讨论了相容论与决定论、责任与意志自由的可理解性等问题。还有一些文献是关于责任理论与实践的结合方面研究的。这方面文献材料众多，过于繁杂。这些著作大多研究某种特定主体形态的责任问题，对责任本身的研究较为薄弱，因此往往存在着对责任泛泛而谈、不够深入的问题。

4. 责任伦理研究

甘绍平的著作《应用伦理学前沿问题研究》中有相当一部分内容涉及责任伦理方面的内容。甘绍平把"不伤害"作为应用伦理学最核心的价值原则，在生态伦理问题中对自然与人类关系的探讨，尤其是对责任与责任伦理的探讨，都拓宽了本书对责任内涵与外延的理解。林琳的博士论文《从"我"到"类"的责任——现代科学技术的伦理反思》考察了网络技术、克隆人技术等现代科技整体引发的一系列问题，提出必须在伦理道德上限制科学技术无限僭越的要求。此外，国内还有一些学者从心理学视角进行责任研究，但相对比较零散，大多体现在个别文章中，而且大多限于道德教育层面，如学生责任感培养、道德责任建设、员工责任感教育与培养、司法过程中的责任问题等。

（三）国内外研究现状分析

从以上分析可以看出，国内责任研究具有以下特点：第一，国内的责任研究讨论大多处于对国外热点的追随状态，尤其是对国外相关学者思想的介绍、著作的翻译状态，基本上是处在对国外文本解读的程度上。而且，一般以对某个人物进行研究的方式进行。第二，相当一部分责任研究体现出强烈的"中国特色",侧重从解决实际问题出发来论述责任问题。

总体来看,国内外对责任的研究大致概括为几大方面,如基础理论研究、道德责任研究、责任伦理研究、心理学视角的责任研究以及在经济、政治、法律等具体领域内的应用性研究。以责任为主题的研究当前呈现深化和拓展范围的趋势,比如列维那斯对责任与"他者"问题的研究,雅斯贝尔斯对法律、政治、道德以及形而上责任的深入讨论,阿伦特对于个人责任与集体责任的分析,尤纳斯对长远的、未来的责任意识的强调,鲍曼对"责任的漂浮"问题探讨,这些对本书的架构与分析有着较大的影响。但是,国内外对责任问题的研究仍然存在着某些不足。从学科视野上讲,大多局限于某一具体学科领域,如管理学或者法学的视角来解读责任,缺乏对责任在哲学层面上的梳理;从文本解读上讲,国内研究局限于对外文原著的"点"式解读,缺乏在内在逻辑上把握责任的发展;从研究范围上讲,局限于一些单一的或者个别的问题;从研究重心上讲,比较注重一些基本的、传统的责任理论问题研究,对当代世界全球一体化进程中出现的责任新问题关注不够。正是基于对以上问题的考虑,本书把当代社会的责任危机作为责任哲学反思的核心所在。

三、研究思路与方法

(一) 研究思路

党的十九大报告明确指出:"推进诚信建设和志愿服务制度化,强化社会责任意识、规则意识、奉献意识……青年兴则国家兴,青年强则国家强。青年一代有理想、有本领、有担当,国家就有前途,民族就有希望。"

本书紧紧围绕十九大精神,以深入剖析社会责任感的内涵为线索,以大学生的社会责任感现状为研究依据,以大学生社会责任感培养的理论基础、主要内容、重要意义等为研究对象,积极构建大学生社会责任感培养的长效机制,创新大学生思想政治教育新路径,为建设中国特色社会主义贡献力量。

(二)研究方法

一是运用历史与逻辑统一的方法。以中国特色社会主义现代化建设中现代人发展所面临的主要问题为基本着眼点进行研究,使研究具有宏观性、整体性、系统性、层次性。

二是运用理论研究与实践研究相结合的方法。通过研究大学生社会责任感的相关理论,紧密结合大学生思想政治教育实际情况,特别是针对当前在大学生中开展的培育和践行社会主义核心价值观,提出科学培育大学生社会责任感的对策,体现出本书的时代感、现实感和针对性,使研究既有理论概括,又有实证效果;既有现实反思,又有对策分析。

三是运用文献研究与实证研究相结合的方法。文献研究是最直接、最有效、最快捷的总结研究方法,可以很好地吸收和借鉴当代专家学者的直接研究成果。由于古今中外对于责任的相关问题研究比较广泛,可以借鉴的研究成果也很多,为此,我们首先要深入研究历史文献,在此基础上予以总结提炼,为本书提供厚重的理论研究基础。同时,由于本书属于应用研究,所以在本书过程中我们采取了实证研究方法,通过设计科学合理的问卷,并在一定范围内选取各级各类高校学生进行问卷调查，召开小型学术座谈会来征求有关专家的意见，并积极进行一些有效的学术访问，掌握最原始、最直接的资料，为本书提供翔实可靠的依据。

四、研究难点与创新

（一）研究难点

一是理论攻克的难点。虽然前文提到目前对责任的研究成果较多，也有很多可以借鉴的成果，但是本书侧重的是对大学生社会责任感的研究，在这方面能够借鉴的研究成果并不多，大多数都是从现实存在问题出发来研究解决对策方面的研究，对于在理论研究方面很少。本书力争全面梳理与大学生社会责任感相关的理论研究成果，为全面深入研究大学生社会责任感提供坚实的理论基础，这是本书的重中之重。

二是在思想政治教育工作层面对于培养大学生社会责任感长效机制的构建。尽管笔者长期从事大学生思想政治教育工作，但这些工作经验与感悟，与从宏观方面构建大学生社会责任感的科学培育，特别是长效机制的构建还有一定的距离，还不一定能很好把握，更需要长期的研究与探索。

（二）研究的创新性

一是在选题定位与研究视角上，实现了大学生思想政治教育研究内容的新关注。总结以往大学生思想政治教育经验，笔者认为在当今时代，更要注重在大学生中培养青年学生的社会责任感，使他们为自己、为家庭、为社会真正切实担负起责任，特别是在中央提出倡导培育和践行社会主义核心价值观的背景下，深入研究和探讨大学生社会责任感的科学培育，这本身就是对大学生思想政治教育内容的新探讨。

二是在框架设计和研究的内容方面，摆脱了对大学生思想政治教育的宏大叙事。本书着眼于相关的责任理论研究与规律性的探讨，注重研究的系统性、整体性和协调性，把握好大学生社会责任感形成的规律性和逻辑性，进而提出科学培育大学生社会责任感的机制与对策。

三是在观点的提炼与阐述上，有破有立。既注重批判吸收相关理论研究成果，又积极提出个人的见解。特别是在实证分析基础上，全面总结当前大学生社会责任感存在的问题，深入剖析这些问题形成的原因，提出有针对性的独特见解。

第二章　大学生社会责任感培育的基础理论

本章主要介绍与大学生社会责任感培育相关的概念和涉及本书的有关基础理论，为本书提供理论基础。

一、相关概念界定

（一）责任的内涵

1. 责任的含义

责，金文写作责责责，从朿、从贝。作为动词，《说文解字》对它的解释是"求也"，即为索取、求取之意。引申开去又有要求、谴责、责备之意。而作为名词，责则专指责任、本职。《孟子·公孙丑下》中说："有官守者，不得其职则去；有言责者，不得其言则去"，意思是如若不能恪尽职守，就应该退位让贤。这个责是与自己的本职、本分挂钩的。任的本义是抱。《诗经·大雅·生民》中说："是任是负。"《国语·齐语》中说："负任儋荷。"韦昭注曰："任，抱也。"后来，"任"的意思由此引申为担任、担荷、肩负、负担一类的意思，又引申为负担、胜任、经得起。《史记·蒙恬列传》中说：" 恬任外事，而毅常为内谋。" 所言即是"担任"之意。而作为名词，任则具有从动词承接而来的负担、责任等义项。《论语》中说："士不可以不弘毅，任重而道远。仁以为己任，不亦重乎？死而后已，不亦远乎？" 意思是，读书人不可以不志向远大、意志坚强，因为他负担沉重，路程遥远。以实现仁德于天下为自己的责任，不是很重大吗？到死方休，不是很遥远吗？这其实就是解释了为何士任重而道远了。在这里，前一个任指负担，后一个任指责任。以仁为己任，正是一种担当。

"责任"在《现代汉语词典》中有两种解释，即："分内应做的事"和"没有做好分内应做的事，因而应当承担的过失"。[①] 其核心是做好分内之事，并承担由此造成的后果。因此，"责任"一词被定义为"分内应做的事"或是"没有做好分内应做的事而应承担的过失。"[②] 简而言之，任职、分内事、因过失而受惩罚是责任的三层基本含义。责任是指作为社会人，所必须对他人、对社会、对家庭、对自然等必须承担的基本法律义务和履行的道德要求。当代美国著名哲学家尤纳斯曾指出，"当代伦理学的核心问题就是责任问题"，"深刻的自我责任意识是一切的根基，它构成了人类生存的意义。"在这个追逐名利的现实社会中，我们应该更清楚地认识到人生在世，追求的不只有金钱、荣誉、地位、享乐，更重要的是要勇于承担起作为社会人所应该承担的责任。按照客体的不同，责任可以分为对自然的责任、对社会的责任和家庭的责任。责任是一个民族赖以生存和发展的源泉。正如马克思指出的，"人的本质不是单个人所固有

[①] 吕叔湘、丁树声：《现代汉语词典》，商务印书馆1978年版。
[②] 中国社会科学院语言研究所词典编辑室：《现代汉语词典》，商务印书馆2002年版。

的抽象物,在其现实性上,它是一切社会关系的总和。"① 任何一个人离开了社会,离开了与他人的交往都将寸步难行,因此,在与周围世界发生复杂关系的过程中,每一个人都是索取者、受益者。既然如此,在与周围世界发生纷繁复杂关系的过程中,每一个人也都应当是付出者、奉献者。为了建立一个人人皆知索取、受益,也人人皆知付出、奉献的社会,要求人类社会中的每一个个体都能遵守社会规则,承担社会责任。对当代大学生来说,尤其如此。

2. 责任的结构

(1) 关于责任结构的定位

关于责任感的表述有很多种,其基本定位依据都来自责任的定义,责任即职责任务:责有索取负责、责罚之意,任有任务担负、任职之意。只要是社会主体,就应负有一般意义上的责任。责任的约束可以有法律、法规、规章及伦理、道德等。就责任的追究来说,可以有舆论批评、纪律处分、行政处分、诉讼责任、侵权赔偿、刑罚处罚等,这个定义在青少年责任感研究中作课题设计很难把握,需要对其进行结构上的明确。我们在研究中,对责任结构进行了划分(见表2-1):将责任分为义务层面的责任、职务层面的责任和代价责任,义务层面的责任是指在一个群体内每个成员都应该遵守一定的责任规范,主动承担相应的义务,这是最起码的责任底线,如果做不到或做不好,都会受到该群体的排斥谴责批评;职务层面的责任是指在其职谋其责,这个层面的责任是具有强制性质的,必须履行,不可推卸,对其约束可以有法律、法规、规章及伦理、道

---

① 《马克思恩格斯选集》第2卷,人民出版社1995年版,第60页。

德等，改革开放以来，在管理思路上不断完善的目标责任制，责任落实到人，就是对职务层面的责任的认知和应用；代价责任是指职务层面责任如果不能完成，将要受到责任的追究，这些追究可以有舆论批评、纪律处分、行政处分、诉讼责任、侵权赔偿、刑罚处罚等。换言之，失职的人，要付出被追究的代价，我们平时提到的社会责任感指的是义务层面上的责任，研究青少年责任感发展也应该集中在这个定位上。

表2-1 责任的结构划分

责任类别	性质	时间特征	主要特点
义务责任	主动	自律	事先	自我认同、舆论监督
职务责任	主动+被动	强制+自律	事先+事后	有待遇、有约束、有权利、有义务
代价责任	被动	强制	事后	因责任而承受责罚

（2）康德对责任的分类

康德按照习惯将责任分为对我们自己和对他人的责任；完全的和不完全的责任。完全的责任就是指绝对的、不容例外的责任，是一种消极的善。而不完全的责任则是一种积极的善，就是指在客观上不要求一定要成功，但主观上必须认真、全力以赴，要用自身附加的一些能力去主动地参与，在某些情况下没有去做是可以原谅的。因此，康德把责任分为以下四种：

第一，对自己的完全责任。

康德在阐述这一责任时，所举的例子是自杀。联系我们前面所说到的责任的普遍性来看，把缩短生命当作对自身最有利的原则是不可以同时也不可能成为普遍的自然规律的，也就是说，这是和责任的最高法则完全不相容的。因为自杀这一行为会使得人自身产生一种矛盾性，因此一个追求善的有理性的东西是不可能将其作为普遍的自然规律的。康德主张将人作为行为的目的，不是行为的手段，这就将有理性的人与无理性的只作为工具存在的物明确划分开来，为人的最高尊严提出了有利的论证，而自戕者却将人当作毁灭苦难人生的工具，模糊了人和物之间的界限，使得自在的人成为可替代者。只有那种面对人生苦难无所畏惧同时还迎难而上努力生活的人在康德这里才能算是道德的。

第二，对他人的完全责任。

康德在阐述这一责任时，所举的例子是说谎。这是康德最具逻辑严密性的论证之一，是认知确定性和行为确定性的统一。一个人在自己困难的时候，利用他人对自己的信任而做出不负责任的诺言，这样的利己原则是否可以成为一条普遍原则呢？康德认为这同样是不可能的。如果利用别人对自己的信任做出不负责任的诺言变成一条普遍规律，所有的人都开始说谎，那么最终就没有谎言和真话之分，也就没有信任可言，因此也就不存在谎言，所以这是不合理的。同时，康德还认为说谎这一行为是把别人当作实现自己目的的工具，践踏了他人的权力，这种行为还模糊了人和物之间的界限，康德认为别人作为有理性的东西，任何时候都应被当作目的，不会对他人行为中所包含的目的同样尊重。

第三，对自己的不完全责任。

康德所举的第三个例子是实现自我。一个有才能并且受到文化培养之后本应该去努力发挥自己的才能，然而他却为了享乐忽视自身过人的天赋,那么,这种享乐的原则是否可以成为一种普遍的自然规律呢?康德认为是不可以的,因为作为一个有理性的东西,他必须愿意把自己的才能,从各个不同的方面发挥出来。闲暇享乐的生活之所以没法成为一条普遍的规律,是因为康德认为人的理性是追求至善的、是向上发展的,一个人生活在这个世界上,不仅仅是为了获得某种自我利益,更重要的是为了完善自我。

第四,对他人的不完全责任。

第四个例子是帮助他人,也就是促进他人发展。一个一帆风顺的人当看到别人在痛苦中挣扎,同时自己又有能力去帮助他人却置身事外,康德认为,这样一种准则,虽然可以作为一种普遍的自然规律持续下去,却不能有人愿意把这样一条原则当做无所不包的自然规律。因为,如果这一原则成为普遍的自然规律,那么人们就无望得到任何他所希求的东西了。帮助别人并不是为了获得回报,而是人作为有理性的东西所具有的一种义务。

康德所举的这四个例子都是具有理性的前提下进行的假设,结果都是把个人的行为作为普遍规律,那么它们与所有责任的最高原则相矛盾。他说:"当我们每一次违背责任时都反省自察,就会发现,实际上,我们不愿意我们的准则应当成为一个普遍的规律"。要注意的是,这里的"责任"不仅是一个理性存在者的责任(如果不是一个理性的存在者,就不会负有责任),理性存在者的存在既是责任也是目的;同时这里的"责任"也是对社会的责任,存在者是社会关系的存在,他有义务参与对社会关系的维系活动。

(3)康德责任观的意义

康德的道德哲学具有划时代的意义,其所散发的魅力吸引了无数后人的学习、赞扬和讨论，也引起了一些人的批判和建构，如黑格尔对其责任的空洞性进行了批评，反对康德纯粹的动机论，强调要注重行为的效果，等等。无论这些批判是对是错，无论后人对康德的责任观是赞扬、学习还是批判、建构，都无法否认康德责任观具有重要的现实意义，康德哲学所提倡的为责任而责任的这种道德境界却是无人能敌的。此外，在康德的责任论中，自由是责任所追求的价值目标，是人的全部尊严和价值所在，康德的责任观完全建立在自由意志的基础上。尽管康德在其责任论的分析论断中存在漏洞，甚至最终陷入悖论，但是，其责任论带来的深远意义也是我们无法否定的。

（二）责任感的内涵

1. 责任感的含义

在现代汉语词典中，责任感的定义是自觉地把分内的事做好的心情，也叫作责任心。因此，责任感也称责任心或责任意识，可以理解为个体对自己在承担人类社会和自身发展的责任中做出的行为选择、行为过程及后果是否符合内心需要而产生的情感体验。我们可以从三个步骤来理解责任的含义。首先，责任感是体现在个体对自己所要承担的社会责任的行为选择过程中。在这个选择的过程中，体现出来的就是个体对责任的认识，对自己所处的社会角色所担负的责任的认识。其次，责任感还体现在个体的行为过程当中。在行为过程当中，个体对于事情本身所采取的行为积极性与否，能充分显示个体的责任感。再次，责任感还体现在个体对自己所作出的行为产生的后果是否主动承担责任的认识当中。

2. 责任感的内容

那么在真实社会中，责任感是什么呢？责任感是主体对于责任所产生的主观意识，也就是责任在人的头脑中的主观反映形式。它是一个人对自己、他人、家庭、社会，包括自然界主动担当使命的一种精神和心理态度，具有能动属性。从本质上看，责任感既要求利己，又要求对事业、他人、国家及社会有利，同时当个人利益同他人、社会、国家利益发生矛盾时，又应以事业、他人、国家及社会利益为重。人一旦拥有责任感，便拥有了自身驱动的不竭动力，才能感受到自我价值及存在意义，也才会赢得他人的尊重与信赖。责任感是国民素质的一个重要方面。一个国家的公民有无责任感或责任感强弱，可以从这个国家的精神面貌中清晰地表现出来。伟大的民族往往具有高远志向、进取精神、严明纪律和一丝不苟的工作态度。当这个国家或民族遇到困难和风险的时候，就会有千千万万的人站出来，以奉献和牺牲分担困难、排除风险。这样的民族是不可战胜的。责任感反映了一个人的精神境界，反映了一个人的思想品德。责任感落实到日常工作中是责任心。

从德育学角度看，责任感是个体对自身在人类社会发展中所承担的责任的一种意识，对自己在道德活动中完成道德任务的情况是否满足的总判断。责任感是人生责任的核心问题。

从人的本质看，人的责任感反映的是人的价值问题，实质上反映的是个人与社会的关系问题，包括人的自我价值和人的社会价值。人生的价值是在人承担各种社会责任中而实现的。个体越是深刻地认识到社会的客观要求和他人的具体需求，以及自己在满足这些需求中的作用，他就越有某种社会责任感，并表现出相应的责任行为。

从心理学角度看，责任感也称责任心或责任意识，是指个体对自己在承担人类社会和自身发展中的责任中做出的行为选择、行为过程及后果是否符合内心需要而产生的态度体验。它是集认识、情感和态度于一身的品德特征，不仅指人们面对责任时产生的特殊道德情感，还包括对责任的理解与认识（责任观念）和相应的行为（责任态度或负责的行动力）。责任感属于道德情感，它是个体对自身在人类社会和自我发展中所承担的一种责任的一种意识，对自己在道德活动中完成道德任务的情况是否满足道德需要的一种体验。

因此，我们可以将责任感理解为个体对自己在承担人类社会和自身发展的责任中作出的行为选择、过程及结果是否符合内心需要而产生的态度体验。是通过社会的价值观与行为规范内化而形成的，是个体对其所属群体和相应社会角色所承担的义务和过失的认识、情感和行为，是一种既成的心理准备状态或心理倾向性。责任感是对自己职责的感知，也是促进个人道德行为的动力。简单归纳，责任感具有以下特点：第一，动力作用性。责任感会驱使个体去完成自己的任务和履行责任。第二，情境具体性。情景论认为人们的责任感受制于个人情景中的外在刺激，因而表现出一定的情景具体性。第三，发展阶段性。不同时期个体的义务和过失有所不同，因此赋予责任感不同的内涵。

3. 责任感的构成要素

责任感是由责任主体对自己应承担责任的认知、情感、意志和行为四部分组成，即责任感包括责任认知、责任情感、责任意志、责任行为四个要素。责任感是这四个要素相互影响、彼此制约、共同作用的结果。

第一，责任认知是基础。责任认知是指责任主体按照一定标准对责任的内容与意义方面的认识，以及对责任及其行为的正确感知、判断、归因和评价的能力。责任认知的核心是做出某人对某件事是否应该承担责任、承担什么样的责任以及将会对什么样的结果负责的规定。由于人的角色是随着时空的变化以及所在的社会环境的变化而变化的，因此，责任认知是责任主体承担与其角色相对应的责任的理解和领悟。责任认知是责任感形成过程的发端，离开责任认知就不可能形成责任感。

第二，责任情感是动力。责任情感是指责任主体在承担自身发展和人类社会中的责任时，对于责任的选择、执行过程和承担结果能否满足内心需要或是否符合自身价值取向而产生的一种内心体验。责任情感在责任感的形成过程中显得尤为重要。责任情感来源于责任认知，随着责任认知的发展逐步形成并不断丰富，同时，责任情感对责任认知具有强化作用，从而扩大了责任的广度和深度。可以说，责任情感使得责任主体加深责任认知，对责任行为起着巨大的调节作用，是责任主体自觉承担责任的强大推动力。

第三，责任意志是保障。责任意志是指责任主体在选择承担相应责任的过程中，对于面临的困难和阻碍表现出来的坚强的勇气和毅力。责任意志在责任感的形成过程中起调节作用。有了责任意志，才能使责任内化为责任主体自身信念的精神力量，使责任行为持之以恒，如果没有顽强的责任意志，即使有再深刻的责任认知，也难以转化为责任行为。

第四，责任行为是体现。责任行为是指责任主体在责任认知的指导下，在责任情感的推动下，在责任意志的坚持下，做出责任的选择和判断，在实践活动中主动地履行责任和义务，做出相应的实际行动。责任行为是履行责任的反映活动，是责任得以实现的关键。责任行为是判断一个人责任感形成的标志，也是体现责任感强弱的标志，是责任感形成过程的归宿。由此我们可以看出，只有在清晰的责任认知的指导下，强烈的责任情感的推动下，坚定的责任意志的保障下，才能战胜内心不负责任的动机，最终把责任认知付诸行动。如果责任主体有责任认知和责任情感，但不付诸行动，不去履行相应的责任，那么这些责任认知和情感，就只是存在于责任主体的内在动机，毫无实际意义。因此，责任感归根到底是一种以情感为主的较为丰富复杂的情绪体验，是一种个性心理品质。

（三）社会责任感的内涵

1. 社会责任感的含义

意大利思想家朱塞佩·马志尼在《论人的责任》一文中把责任分为社会责任和个人责任。那么，社会责任感相应分为社会责任感和自我责任感。从狭义而言，社会责任感是指个体在时代背景下所形成的对国家、对民族、对集体、对他人所承担的责任、履行各种义务的自觉意识和情感体验。即个体对自我之外的他者和社会群体的社会责任感。社会责任感可分为对自我责任感与对家庭、他人、社会群体和环境的责任感。其中自我责任感是基础。如果一个人对自我的生存和发展都不能负起责任，自己的生存和发展都保障不了，也就不可能对家庭、他人、集体、社会负起责任。自我责任感包括自我生存的责任感和自我发展的责任感，具体指珍惜自己的生命，关心自己的身心健康，丰富自己的精神生活，有明确的奋斗目标和人生追求；努力学习，提高自身修养，积极追求有价值的人生；对自己的言行负责并履行自己的义务，提升自己的人生境界等。对他人和社会群体的责任感，它的内容极为丰富，大致包括：第一，对家庭的责任感：包括孝顺父母，尊敬长辈，维护家庭团结，主动减轻父母的负担等。第二，对他人和集体的责任感：个人对他人的责任最基本的要求是关心他人，相互尊重，乐于助人，信守承诺，和谐友爱等，帮助他人时也包括要真诚地帮助他人改正缺点和错误等。个体对集体的责任集中表现在如何正确对待及处理个体利益与集体利益关系问题上。第三，对国家和民族的责任感：对国家、民族的责任是一种公共责任，是一个人对祖国的繁荣和进步、对民族的兴盛和强大、对国家的生存和发展所承担的职责和使命。第四，对世界、对人类的责任：当今时代，各种全球化问题的出现要求人类以智慧和理智建构新的伦理价值体系，特别是关注人类生存环境也是对人类未来负责任的表现。因此加强责任感教育也成为全球的共识与趋势。

2. 社会责任感的构成要素

我国学者对社会责任感的分类主要有以下几种：按照责任的承担主体将社会责任感分为个人的责任感、集体的责任感和国家的责任感等；按照责任的客体将社会责任感分为对个人的责任感、对集体的责任感、对他人的责任感、对国家的责任感等；按照社会责任感涉及的领域将社会责任感分为政治责任感、经济责任感、生态责任感、文化责任感等；按照责任的层次结构和对象将社会责任感分为个人责任感、家庭责任感、他人责任感、集体责任感、国家责任感和生态责任感。

第一，家庭责任感。家庭责任感是指家庭成员爱自己的家人，主动分担家务劳动,孝敬父母,维护家庭团结和睦的情感体现。家庭是社会当中最基本的细胞,家庭和谐是社会和谐的基本保障。每个人在其迈入社会之前,家庭是他的避风港,每个人都在家庭之中获得爱以及爱家人。家庭责任感非常重要。因为一个人倘若对自己的父母、亲人都不能尽到责任,更不可能对社会当中毫无血缘关系的他人负责了。"孝"是中华民族的传统美德,更是家庭责任感的集中体现。身为家庭的一分子,就应该孝敬父母,回报父母,不再使老人无人照顾,靠街头乞讨为生。身为一名大学生,应该将中华传统美德中的"孝"传承下去,并且发扬光大。

第二,他人责任感。每个人都具有两种属性:自然性和社会性,而社会性是人的本质属性,是人与动物的最大区别。人的社会性就决定了人是群居动物,人必须生活在一定的社会当中。因此,社会就是由我们个体自身以及个体之外的其他人共同组成。人要想很好地生活,就必须和社会之中的其他人形成良好的互动,即:我们自己自觉为他人负责,他人主动为我们负责,进而全社会形成有序的良性运行。作为生活在校园中的大学生,对他人负责是指,在学习中主动帮助同学,主动为别的同学解答疑惑,与他人共同进步;在生活中,要团结友爱,同情弱者,积极帮助生活有困难的同学,加强与他人的合作意识,与同学友好相处。

第三,集体责任感。集体是一种社会组织,它由一定的权利、义务关系组成,并且由一定的组织结构和制度规则联系起来。我们每个人都生活在大大小小的多个集体当中,大到中华民族的大家庭,小到个人成长的家庭这个小集体。对大学生来说,最重要的集体即我们的班集体。每个人的生活都必须依赖集体才能存在和发展,所以我们都必须热爱和关心我们的集体，对集体负责。有了集体我们才有归属感，才有凝聚力。我们国家是社会主义国家，社会主义的核心价值观中强调集体利益高于个人利益。因此，集体主义是我国大学生道德价值体系中的主要原则。它要求大学生做到，在集体利益不受损失的前提下，实现个人利益与集体利益的融合；当个人利益和集体利益出现冲突时，应放弃个人利益，服从集体利益。对大学生来说，对集体负责表现在积极参与集体事务，关心集体发展，形成团队意识，维护集体荣誉。

第四，国家责任感。国家责任感是社会责任感的核心，是社会责任感最突出的表现。每个人都是国家的公民，只有国家发展了，个人才能发展。因此，国家的命运决定了个人的前途。中华民族有着甘愿为民族、国家的发展牺牲一切的优良传统。从古至今，我国有很多舍生取义、精忠报国的典型。从孔子提出以仁治国，到范仲淹的"先天下之忧而忧，后天下之乐而乐"，从杜甫的"安得广厦天地间，大庇天下寒士俱欢颜"，从鲁迅的"我以我血荐轩辕"到毛泽东的"全心全意为人民服务"，无不体现出我们父辈对国家的深厚感情，对国家责任的勇于承担。加强对大学生国家责任感的教育，不仅有利于培养大学生的良好素质，而且有利于国家、民族兴旺的千秋大业。

当代大学生的高度国家责任感应表现在：首先，应具有高度的政治责任感，维护国家统一，反对民族分裂；其次，应具有崇高的历史使命感，把握历史脉搏，了解祖国的悠久历史和灿烂文化，维护珍贵的传统文化价值，大力弘扬民族精神；再次，了解祖国建设情况和国家的重大方针、政策，了解世界重大事件，积极参与国家公共事务管理、积极参与国家政治活动，关心国家命运，参与民主监督，投身于社会主义建设大潮中，使自己的人生目标同社会的发展目标相一致。

3. 社会责任感的基本特征

第一，道德自觉性。社会责任感是个体在承担对国家、民族、他人和自我的职责的过程中自觉意识到的，对这种社会责任的履行，是出自个体灵魂深处的道德诉求，也是个体自觉自愿接受和承担的，源于对社会发展、自我完善等普遍价值的关怀。在康德看来，为了某种功利目的而履行责任，不具有道德性。随着个体认识水平和思想觉悟的不断提高，道德主体就能够把外部社会和他人对自己的客观要求内化并升华为主观意识上的道德应然，自觉履行主体的责任与义务。这种道德自觉性还体现在个体更注重个人对自己行为意义的认识、选择及行为过程的规划等，以及当个体为承担职责所付出的责任行为产生了不良后果，个体能够主动接受行为过失带来的惩罚。

第二，主体性。责任感是主体意识的体现，是个体对与社会、他人关系中所规定的职责、义务的认同和践行，责任主体的行为是出于意志自由，在深刻认识社会发展规律的基础上自由选择，主动接受社会和他人赋予自己的职责，并对主体行为后果主动承担责任。一般而言，主体意识越强，则社会责任感也会随之增强；主体意识越弱，则社会责任感也会随之减弱。只有个体始终把自己当作道德主体看待时，才会积极主动地承担对国家、民族、他人和自我的义务，才能敢于负责任，从而使自己养成社会责任感。如果个体不去主动承担职责，认识不到自己在社会责任当中的主体地位，只是把自己当成客体看待,那么个体就不会具备社会责任意识,也就不会形成社会责任感。社会责任感具有利他性。社会责任感本身便是一种价值取向,而价值取向控制和调节着人们的社会行为。个体积极履行社会、他人和个人发展进步对自己提出的责任与义务,及时将这种外在规定内化为自己的道德主动意识,要求自己继续做出有利于社会和他人的责任行为。社会责任感正是源于在这种负责任的利他行为中所产生的积极情感体验。社会责任感要求个体对社会和他人承担职责,坚持做到为国家繁荣、社会进步和他人的生存发展担负责任,关心国家大事,热爱学习,乐于助人,服从国家和集体利益,积极参加社会政治生活。这些责任行为本身就具有较强的利他性,我们认为,无利他动机的行为不是社会责任感的标志。社会责任感作为社会规范内化于个体的主观意识当中,在个体履行所承担职责的同时,行为后果已经对社会和他人的发展进步产生了积极的影响。

(四) 大学生社会责任感的内涵

1. 大学生社会责任感的概念及构成要素

根据前文对责任感及社会责任感内涵的论述,笔者认为大学生社会责任感是责任感在大学生主体身上的体现,是大学生主体对其所应该承担的社会责任的一种道德意识。

大学生的社会责任感应包含四个层面:对国家的责任、对家庭和学校的责任、对他人和集体的责任、对自我的责任。四者缺一不可、息息相关。

第一,对国家的责任。从抽象的角度讲,国家是在一定范围内的人群所形成的共同体形式。国家乃人民的事业,而人民是许多人基于法的一致和利益的共同而结合起来的集合体。马克思认为：国家就是暴力机器，是一个阶级用来镇压另一个阶级的有组织形式的暴力。所谓的阶级即是在生产关系中处于不同地位的人们的集团。国家、民族与人类的责任属于公共责任范畴，是个体对国家繁荣、民族强盛和全人类生存与发展应当承担的责任与使命。它既反映出个体如何正确处理与国家和民族的关系，也反映出价值的取向始终要考虑国家和民族的整体利益。只有对国家民族负起责任，促进国家的繁荣昌盛，才会最终实现个人价值。

第二，对家庭和学校的责任。家庭和学校教育对大学生生存和发展有重要影响，大学生从小就受到父辈们的养育和教育，承载着父辈们的期盼与希望，大学生就应当承担起子女应尽的责任，孝敬父母、赡养老人、维护家庭的团结和睦、为父母分忧等。作为学校的成员，大学生应当热爱学校、尊敬师长、团结同学、认真学习、遵守学校的规章制度，为学校的发展壮大贡献力量。

第三，对他人和集体的责任。在对他人的责任方面，主要是做到关心他人，积极承担起对他人的责任，尊重他人的个性与权利。在对待集体责任方面，个人应当正确对待和处理个人利益和集体利益之间的关系，一方面，集体的利益是由许多个人的利益组成，个人利益没得到保障，集体利益也将不复存在；另一方面，个人利益取得的前提是集体利益的存在，只有个体积极为集体利益着想，才会有个人利益的取得。

第四，对自我的责任。广义的大学生社会责任感既包括对社会与他人的责任感，也包括对自我的责任感。大学生本身就是社会的成员之一，努力学习科学知识，使自己成为社会整体中的一个独立、完整、和谐的组成部分，对个人负责也就是对社会负责的表现，个人责任感在这种情况下也变成了社会责任感的一部分。对自己负责也是能够更好地对社会和国家民族负责的前提条件和内在基础，如果一个人连对自己的生存和发展都不负责，就更不能期望他对他人和社会负起责任。

除了对家庭、学校、他人、集体、国家、民族和人类的社会责任感外，广义的社会责任感中的自我责任感主要内容是大学生自我生存的责任感以及自我发展的责任感的综合，具体是指大学生要关爱自己的生命，关心自己的身体健康，丰富自己的精神生活，树立正确的世界观、人生观、价值观，有明确的奋斗目标和远大的人生理想。认真学习，努力提高自身修养，使自己的人生变得有价值，对自己的言行负责，时刻牢记自己的职责、履行自己的义务。要求大学生要树立全球意识和国际化的观念，积极从人类长远发展的角度考虑问题，承担起对子孙后代负责的重任。

2. 大学生社会责任感的基本特征

探讨大学生社会责任感的特征，要从大学生社会责任感的主体、目的、内容、本质、范围出发，辨别大学生社会责任感与其他组织社会责任感的区别，大学生社会责任感与大学生其他责任范畴的区别。正确把握这些特征，将有利于进一步深入理解大学生社会责任感的内涵。

第一，层次性。刘海涛等的调查研究显示[①]，大学生社会责任感的发展是具备一定特点的。他通过问卷调查及统计分析，结果发现，

---

① 刘海涛、郑雪、聂衍刚：《大学生社会责任感的发展特点及影响因素》，载《宁波大学学报》，2011年第3期。

广东大学生的社会责任感整体特征为：大三年级高于大一年级、大一年级高于大二年级。这表明，大学生社会责任感具有层次性特征。大学生社会责任感不仅不是整体一致的，而且还是按年级分层的。原因可能是，刚刚进入大学的一年级学生，对社会和人生的各方面期望都较为强烈，认为自己是"准成人"，因此具有更高的自我要求，对于各项社会活动态度积极，关心国家政治生活和民族富强，并渴望在其中扮演角色、分担责任，为整个社会做出贡献。① 因此出现大一学生的社会责任感普遍偏高的现象。当大学生升入大学二年级以后，对学习内容、生活环境等各方面的新鲜感开始逐渐消失，同时尚没有毕业、就业等各方面压力，这一特殊阶段可能影响到他们对社会的看法和态度，所以社会责任感处于一个最低水平。②

第二，差异性。研究显示，我国当前大学生社会责任感整体程度呈中等偏上，但其中存在差异性，最显著的差异为女大学生的社会责任感普遍高于男生。这一现象不难理解，通常女生比男生更重视当前与未来对家庭的支持以及对家人的尊敬。③ C. Gilligan 认为女性情感丰富，富有同情心，在做责任判断和归因时，女性感到自己拥有更多的责任。女性比男性更容易把自我融入社会环境中，对与她有关的对象拥有更多的责任心。④

第三，单一性。社会责任感是社会关系的产物，每个人在社会中所扮演的角色不同，所承载的社会关系不同，其责任感的内涵也

---

① 黄希庭：《大学生心理学》，上海人民出版社1989年版。
② 程岭红：《青少年学生责任心问卷的初步编制》，西南师范大学2002年硕士论文。
③ 王美萍、张坤、张文新：《青少年家庭义务感的研究》，载《心理发展与教育》，2001年第3期。
④ C. Gilligan, *In a different voice*, Harvard University Press, 1982, pp. 35–36.

不同。责任感在广义范畴中是具有多样性的，一是指具有不同身份、处于不同社会地位的社会成员，具有不同的责任。如领导者与被领导者、工人与农民、老师与学生、父母与子女，等等，各自负有不同的责任感。二是指作为各种社会关系总和的人，在不同的社会关系中具有不同的身份，从而其责任感不同。如成年人，他在工作单位里，若是领导者，则具有领导者的责任感；若是被领导者，则具有对领导负责的责任感。他在社会里，作为公民，则具有一个公民应有的责任感。他在家庭里，作为父亲，则具有一个父亲应有的责任感；作为丈夫，则有一个丈夫应有的责任感；作为子女，则具有一个子女应有的责任感；如此等等。因此，广义的社会责任感是具有多样性的。然而，对于大学生来讲，身处学校，主要从事各种学习活动，尚未涉足社会，没有复杂的社会关系，身份较单一，因此其社会责任感的内容也相对单一。仅仅表现为对整个社会负责任的一种使命感及高尚情怀。大学生的主观、客观条件是有限的，社会历史条件是有限的，因而其所能承担的责任也是有限的，履行职责的范围和程度都是有限的。所谓权力的有限性决定了责任的有限性。因此，大学生的社会责任感内容是单一的，并非是复杂多样，可以无限拓展的。

第四，自愿性。所谓自愿性是指个体以自身的觉悟、良知、责任心等为内驱力，自觉自愿地承担和履行责任。在这种自愿性中，个体是不被强制的，一切行为及情感是在没有外力的作用下发生的。它以个体的主观意志为转移，是个体以一种积极的态度去推进各种行为的。这需要个体具有高度的自觉性，自愿无偿承担某些责任，付出自己的劳动，为社会做出贡献。社会中有一种责任感是以"利"

为前提的，所谓责任的有偿性，尽"责"必有"利"。这是由于人们思想觉悟的局限性，往往把尽责作为取利的前提条件，将取利作为尽责的目的和动力。这不仅是人们的要求，在某种程度上也是社会的要求和倡导。然而，大学生的社会责任感完全不涉及所谓的利益交换，它的内容更加纯粹、目的更加崇高，从某种角度看，大学生的社会责任感具有超功利性特征。大学生社会责任感的根本目的并不是为个人或某个社会共同体创造经济利益，而是一种道德感促使的生命认同，一种对人类社会的终极关怀。因此，大学生的社会责任感必然具备自愿性这一特征。

3. 大学生社会责任感的形成过程

大学生社会责任感基于价值冲突、价值取向、责任行为倾向和责任行为四个方面。同时这四个方面又是逐一产生、逐一形成的，即价值冲突—价值取向—责任行为倾向—责任行为的过程。其中，价值取向与责任行为倾向分别可以形成社会定向的价值取向和对社会负责的行为倾向。简单地说，就是主观调控下的责任行为即为社会责任感，而这种社会责任感又受价值观和社会评价的影响。总体来说就是大学生的社会责任感主要由个人价值观和社会评价来决定。大学生只有具备了高度的社会责任感才能做出社会责任行为。

由图 2-1 我们可以看出，大学生社会责任感的形成是一个动态变化的过程，其很容易受到其他因素的影响，如价值观和社会评价等。通过图 2-1 发现大学生责任感的核心是价值观。然而，在现实生活中大学生因受到周遭环境与人群的影响，其价值观很容易出现偏差，所以要努力培养大学生的社会定向价值观，这样才能形成社会责任感。同时，我们也不可忽略责任行为倾向这一重要环节。所谓倾向，即为事物发展的方向和趋势。大学生要通过受到的教育与熏陶将自身对社会负责的行为倾向通过自我调控将其转化为社会定向价值观。另外，大学生社会责任感形成的另一个重要因素是社会评价。评价即为外界对特定的一项事物或者是对某个人评定的价值，社会评价即为社会对特定的一项事物或者某个人的评定的价值。人是社会的产物，任何人的生存和发展都离不开社会，大学生也不例外。所以，当大学生在面对客观存在的事物对其发出的信号或者说受到外界刺激时，是否能够表现出负责任的行为，其都逃避不了社会评价，大学生的一言一行都有与之对应的社会评价。大学生通过自尊心与道德需要会本能地去选择那些对自己有利的、赞美的社会评价。社会评价就是在这种缓慢的、潜移默化的过程中逐渐改变、

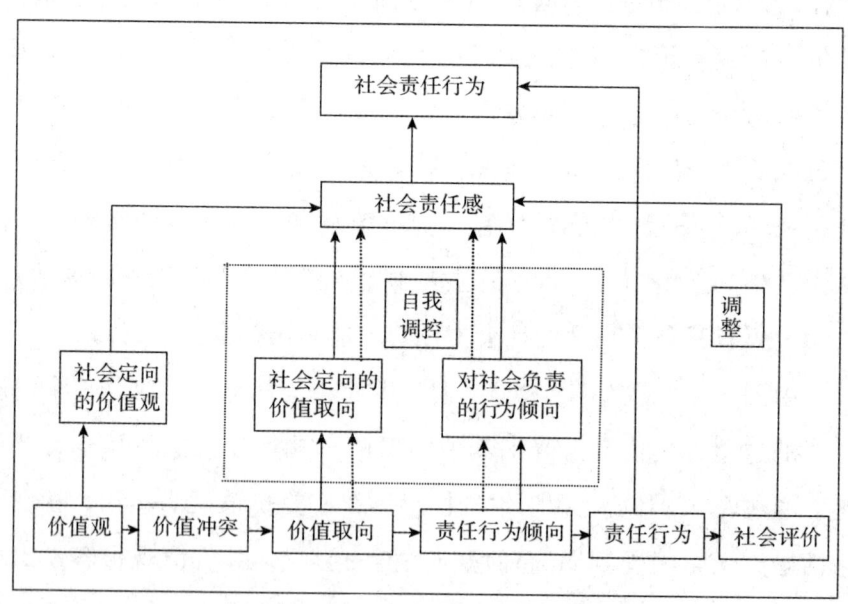

图 2-1　大学生社会责任感的形成模型

影响着大学生的社会行为，使其往有利的方面发展，使大学生做出更多的对社会、对他人负责任的社会责任行为，最终形成一种良好的社会责任制度，从而具备高度的社会责任感引领当代大学生做出更多社会责任行为即责任成果。简而言之，大学社会责任感的形成过程就是责任意识—责任能力—责任行为—责任制度—责任成果。

（五）大学生社会责任感培育的内涵

1. 大学生社会责任感培育的本质

大学生社会责任感培育的本质是大学生社会责任感培育的实践性，也就是大学生社会责任感培育的现实性和大学生社会责任感培育价值实现的实效性，在社会生活中表现为与其他实践活动的结合与渗透，它是大学生社会责任感培育显著的本质属性。

首先，从大学生社会责任感培育的出发点看，大学生社会责任感培育只能从现实人、具体人的实际出发开展教育。现实的人，其本身就是实践活动的主体。人的思想，虽然是一种主观形态的东西，但它产生的基础和根源、发展变化的动力，只能是实践活动。

其次，从大学生社会责任感培育的落脚点来看，大学生社会责任感培育的目的是要帮助大学生提高社会责任感。而社会责任感提高的动因，归根结底来自于社会实践和社会发展的需要，社会责任感最终要用于指导人们的实践活动。因此，大学生社会责任感培育所要遵循的知行统一、认识世界与改造世界的统一、改造主观世界与改造客观世界统一的原则，充分体现了大学生社会责任感培育实践性的本质属性。

最后，从大学生社会责任感培育的价值实现来看，大学生社会责任感培育是有效，还是无效；是正面效果，还是负面效果；效果是大，还是小，其效果的质和量，都不能用主观认识来检验，而只能用社会实践来检验。所以毛泽东强调："对于马克思主义的理论，要能够精通它、应用它，精通的目的全在于应用。"因此，要强调大学生社会责任感培育的有效性，实现大学生社会责任感培育的价值，必须深刻认识和把握大学生社会责任感培育实践性的本质属性。

2. 大学生社会责任感培育的构成要素

作为一种实践活动，大学生社会责任感培育包含多种构成要素。正确把握这些构成要素，有利于进一步深入理解大学生社会责任感培育的内涵。

（1）大学生社会责任感培育的主体

大学生社会责任感培育的主体是社会责任感培育的承担者、发动者和实施者。它与大学生社会责任感培育的客体相对应，是对一定的客体实施大学生社会责任感培育活动的主体。大学生社会责任感培育的主体具有主动性、主导性、创造性和超越性的特点。主动性是指主体能够积极主动地进行大学生社会责任感培育活动。主导性是指在大学生社会责任感培育活动中主体起着主导和支配作用。创造性是指在大学生社会责任感培育活动中勇于探索、开拓创新，具有创新精神和创新能力。超越性是指主体在大学生社会责任感培育活动中既要立足现实，从受教育者现实的思想道德状况出发，又要超越现实，引导受教育者树立与社会未来发展需要相适应的社会责任感。

大学生社会责任感培育的主体分为两种类型。一是个体主体，指承担、发动、组织、实施大学生社会责任感培育活动的个人，即个体实施者，如领导者、思想工作者、教师、家长等。二是群体主体,指承担、发动、组织、实施大学生社会责任感培育活动的群体组织,即群体施教者,如各种组织、团体和机构等。

(2) 大学生社会责任感培育的客体

大学生社会责任感培育的客体是社会责任感培育的接受者和受动者,它与大学生社会责任感培育的主体相适应,是大学生社会责任感培育主体的作用对象。大学生社会责任感培育的客体具有受动性、受控性和可塑性的特点。受动性是指大学生社会责任感培育的客体是大学生社会责任感培育主体的作用对象,必然要接受主体施加的社会责任感培育作用和影响。受控性是指客体在社会责任感培育过程中始终受到主体的主导、支配和调控,处于从属地位。可塑性是指大学生社会责任感培育的客体可以在主体的教育、影响和塑造下,思想行为发生主体所希望的变化。

大学生社会责任感培育的客体既包括每个大学生这样的个体客体,也包括班集体、共产党员群体、共青团员群体、留学生群体和学生社团群体等群体客体。

(3) 大学生社会责任感培育的介体

大学生社会责任感培育的介体是大学生社会责任感培育的主体和大学生社会责任感培育的客体相互联系、相互作用的中介因素。大学生社会责任感培育的介体的基本特点是具有中介性。中介性可以由关联性、传导性和互动性体现出来。关联性是指大学生社会责任感培育的介体不仅与大学生社会责任感培育的主体有关,而且与大学生社会责任感培育的客体有关,它是把大学生社会责任感培育的主体和客体联系起来的桥梁和纽带。传导性是指大学生社会责任感培育的介体总是要承载和传递一定的思想信息,具有社会责任信息输出与输入的导体功能,大学生社会责任感培育的主体和客体要凭借一定的介体来沟通信息。互动性是指大学生社会责任感培育的介体是主体和客体相互作用的手段,不仅大学生社会责任感培育的主体可以运用一定的介体作用于客体,客体也可以运用一定的介体作用于主体。

大学生社会责任感培育的介体主要包括社会责任感培育的主体作用于社会责任感培育的客体时的各种社会责任内容以及各种培育方式和策略。

(4) 大学生社会责任感培育的环体

大学生社会责任感培育的环体是指与社会责任感培育有关的、对大学生社会责任感的形成和发展产生影响的外部因素。大学生社会责任感培育的环体的基本特点是具有条件性。条件性可以从具体性、综合性、开放性和历史性来理解。具体性是指大学生社会责任感培育的环境是具体的,不是抽象的,一定要从社会责任感培育的环境或条件出发来开展社会责任感培育活动,脱离了具体环境和条件,大学生社会责任感培育就会显得空洞乏力。综合性是指大学生社会责任感培育的环境所提供的条件因素不是单方面的而是多方面的,多种外部条件因素综合作用于社会责任感培育和社会责任感形成和发展过程,才使得社会责任感培育活动丰富多彩,各具特色。开放性是指大学生社会责任感培育的环境不是封闭的,而是开放的。历史性是指大学生社会责任感培育的环境不是一成不变的,而是不断发展的,一定的社会责任感培育活动总是在一定的历史条件下进行,我们既不能割断社会责任感培育的历史,更不能忽视社会责任感培育所面临的现实,而要随着历史的发展,在继承社会责任感培育优良传统的前提下，不断改革、更新社会责任感培育的内容和方式。

大学生社会责任感培育的环体可以分为大环境与小环境。大环境包括国际和国内的政治、经济、文化环境。小环境是指大学生直接学习、工作和生活于其中的局部环境，例如学校、社区、家庭和实习单位。

3. 大学生社会责任感培育的功能

大学生社会责任感培育作为一种人们认识世界和改造世界的实践活动，作为新时期高校思想政治教育的重要内容，有着突出的历史地位和现实意义。所谓"有为"才能"有位"，可见大学生社会责任感培育必然具备一定的功能。

（1）个体功能

大学生社会责任感培育的个体功能是指对大学生个体自身的功能。个体功能包括个体生存功能和个体发展功能。

个体生存功能是指大学生社会责任感培育在引导大学生个体遵循客观规律、服从生存原则以便获得更好的生存状态的过程中所发挥的作用。一方面，大学生社会责任感培育有助于大学生提高社会责任感，有助于大学生个体最大限度地完成生活中的特定任务，从而有助于大学生个体的物质生活顺利进行。另一方面，大学生社会责任感培育是大学生的精神生活的一种方式，这种方式使得大学生在自我与社会的平衡中寻找到生存和发展的意义。

个体发展功能是指大学生社会责任感培育对于塑造大学生的品德，促进大学生个体的发展所起的积极作用。首先，大学生社会责任感培育能够引导大学生的思想向积极的方向发展，具有目标导向作用。其次，可以在一定程度上指导和约束大学生的社会行为，具有规范作用。再次，能够激发大学生积极向上的精神动力，具有激励作用。最后，能够培养大学生积极的人格品质，促进大学生自由全面地发展，具有塑造作用。

（2）社会功能

大学生社会责任感培育的社会功能是指对社会发展有帮助的功能。社会功能包括政治功能、经济功能和文化功能。

政治功能是指大学生社会责任感培育通过培养具备一定社会责任感的大学生以推动社会政治发展的作用。它在大学生社会责任感培育的多重社会功能中居于首要地位，起着主导作用。政治功能涵盖传播政治意识、引导政治行为、造就政治人才、和谐政治关系等方面。从这个意义上讲，政治功能起着维护社会政治稳定、促进社会政治发展的作用。

经济功能是指大学生社会责任感培育通过调动大学生的积极性，促使其主动参与经济建设以促进经济发展的积极作用。一方面，大学生社会责任感培育是经济建设坚持社会主义性质和方向的可靠保证。这是大学生社会责任感培育的经济功能的首要表现。大学生社会责任感培育能够帮助大学生牢固树立建设中国特色社会主义的共同理想。另一方面，大学生社会责任感培育是推动社会生产力发展的精神动力。人的社会责任感在社会生产力发展中起着非常重要的作用，大学生社会责任感培育就是提高作为未来社会建设者的大学生群体的社会责任感，调动他们工作的积极性和主动性，创造性地进行生产管理，从而促进社会生产力的发展。

文化功能是指大学生社会责任感培育对社会文化结构及其各组

成部分的影响。大学生社会责任感培育作为社会意识形态的组成部分，包含于文化之中，是社会文化的一个结构单位。首先，文化功能具有文化传播功能。大学生社会责任感培育能够传播文化中的正能量。其次，文化功能具有文化选择功能。大学生社会责任感培育不是对原有文化的照搬，而是一种文化选择的过程，包含了对各种文化内容的吸收、排斥与舍弃。最后，文化功能具有文化创造功能。大学生社会责任感培育的文化创造功能是通过培养既具有高度社会责任感，又具有创造精神和创造能力的人才来实现的。

二、大学生社会责任感培育的基础理论与借鉴

（一）马克思主义自由与责任关系学说的理论支撑

马克思主义理论认为自由与责任是对立统一的辩证关系。自由是责任的前提，责任是自由的对象，一个人责任的大小与其所享有的自由程度是密切相关的。对于责任范围的问题，反对"无限责任论"和"无责任论"，应该以科学的态度来看待责任，树立科学的社会责任感。

1. 自由与责任是辩证统一的

自由与责任是相互依存、不可分割的。自由是责任的自由，责任是自由的责任。

（1）自由是责任的前提和基础

马克思主义理论认为意志自由是人的道德责任的前提和基础。恩格斯曾经指出："如果不谈谈所谓自由意志，人的责任，必然和自由的关系等问题，就不能很好地讨论道德和法的问题。"① 自由是主体在认识活动和实践活动中追求和表现出的一种状态和境界，也就是所谓的"自由王国"。"自由王国"与"必然王国"是对立统一的，责任就是必然的具体表现之一。"一个人只有在他握有意志的完全自由去行动时，他才能对他的这些行为负完全的责任。"② 一个人如果有责任的话，首先他必须是一个自由的人，只有一个自由的人，他才可以选择去做什么样的事情，于是做什么样的事情才成为他的责任。同样，他也可以选择不做某些必要的事情，但他必须为此承担所带来的后果。相反，如果一个人没有自由，那么他就不是一个可以随意控制自己行为的人，也就意味着他不需要承担相应的责任。

（2）责任是自由的对象和限制

个体在自由选择行为的同时，也就意味着自由选择了责任。"你们是自由的，因此是负有责任的。"③ 因此，责任是自由的对象。责任同时也是自由的一种约束力量，这种约束力量可以是外部的限制，包括自然条件和社会条件以及法律和规章制度等，也可以是主体内部的限制，例如生理状况、心理状况、受教育水平以及实践活动水平等。这些都会限制自由的发挥。责任既是自由的对象，又是自由的条件，没有责任就无所谓自由，同样，没有自由也就无所谓责任。世界上根本不存在脱离责任的、盲目的、绝对的自由，也不存在脱离自由的责任，如果那样的话，责任也就变成了一种消极、被动和不真实的存在了。德国诗人歌德曾说过，一个人只要宣称自己是自

---

① 《马克思恩格斯全集》第3卷，人民出版社1960年版，第124页。
② 《马克思恩格斯选集》第4卷，人民出版社1995年版，第78页。
③ [意] 马志尼：《论人的责任》，吕志士译，商务印书馆1995年版。

由的，就会同时感到他是受约束的，如果他敢于宣称自己是受约束的，他就会感到自己是自由的。可见，自由和责任是不可分割、辩证统一的。

2. 责任大小与自由程度有关

既然责任与自由是辩证统一的，我们的自由是在相对的责任框架之内来实现的，那么人们在不断地追求自由的同时，也就意味着责任的不断发展。也就是说，人的自由程度越高，承担的责任就越大。因为自由程度高的人相对于自由程度低的人能够有更大的自由空间，这种自由空间就是实践活动的空间，就是享有自己支配自己行动的权利，享有的权利越大，履行的义务就越大，其所承担的责任也就越大。反过来，如果一个人在完全失去自由的情况下做了某事，我们也不必因为这件事是好事而称赞他，也不能因为这件事是坏事而惩罚他。只有在个体完全缺乏行动自由的具体情境下，行为者才能免除相应的责任，比如患有精神病性障碍的人以及在被强迫或被胁迫等不可抗力等情况下的人所做出的某些行为。因此，由于各种主客观原因的存在，自由在很多情境下其实都要受到各种不同的限制的，个体要承担的相应的责任也是不同的。也就是对于个人来说，不同的自由度对应着不同的责任。所以，我们在评判个体有无责任以及责任大小的时候，必须要考虑到当事人所处的外部环境以及自身的责任能力。可以这么讲，建立在自由意志基础上的责任是一种相对的存在。这就是为什么我们的行为大多是受自己的自由意志的支配，尽管我们每一个人都应该为自己的行为承担责任，但社会不可能要求我们对每一种行为或每一个事件承担全部责任。

3. 反对个人的无限责任论和无责任论

责任大小与自由程度有关，在社会上正常生活的每一个人几乎都不是完全具有巨大的自由空间，也不是完全没有任何自由空间。因此，我们所承担的责任既不是无限的，也不是完全没有的。

一方面，要反对无责任论。所谓无责任论，是指一种认为人们的所有行为都是完全自由的，是不需要承担任何责任的观点。无责任论来源于对自由的误解，以为自由就仅仅是想干什么就干什么，可以为所欲为，不理解自由中蕴含着责任，没有无责任的自由，于是就会产生"想干什么就干什么""想怎么干就怎么干"而不需要承担任何责任的无责任论的观点。这种观点割裂了自由与责任的关系，片面地看待自由和责任，持有这样的观点，必然造成一个人责任感的沦陷甚至社会整体道德水平的下降。

另一方面，要反对无限责任论。所谓无限责任论，是指一种认为人们在任何情况下的任何行为都必须要承担相应责任的观点。无限责任论来源于对自由和责任关系的误解，认为责任就是完全限制自由的，任何人在任何时候都要对自己的行为负责，这是一种极端片面的观点。人的责任心并不是无限的。每一个人都有他自己对事物独立的认识、独立的情感体验和独立的外部行为，只要他做的事情不违背法律和道德，任何人都不能以"责任"的名义去加以干预。另外，人的能力是有限的，使个体缺乏自由的情况下，个体无须承担相应的责任；如果个体有相应的责任能力，但由于客观条件的制约，使个体不能够自由地活动，个体也没有必要去承担责任。因此，我们要避免出现因为片面地追求要责任而不考虑自由的"责任超重"现象。

人的自由和责任受到来自自身和外部的双重限制。无论是"无责任论"还是"无限责任论",在理论上和实践上都是非常有害的,都可能导致一些人假借自由的名义来取消责任,或者导致假借责任的名义来取消自由。

总之,人们只有具备一定的自由,才能承担起相应的责任,同样,承担起自己应有的责任,也能够享有有限的自由。责任制约着自由,他人的自由是以个人的自由为界限的,我们要尊重他人的自由;自由也制约着责任,他人的自由也是以个人的责任为界限的,我们也不能把责任心膨胀到强迫他人服从自己意志的程度。只有这样,我们的社会才能形成一种人人在不以侵害他人的自由为前提下都享有自由的道德秩序。

作为新时代的大学生,要将社会规定的责任转化为个人内在的责任,也才能够获得真正意义上的自由。因此,家庭、学校和社会都要高度重视对大学生进行社会责任感教育,使他们能够正确理解马克思主义理论中自由与责任的关系,树立科学的社会责任感,勇于承担社会责任,真正成为对社会负责任的公民。

(二)中国传统文化责任观的理论借鉴

1. 儒家"仁爱精神"与"忧患意识"的责任观

儒家是中国古代最有影响的学派。儒家思想对中国以及东方文明发生过重大影响并持续至今,儒家思想的责任观是儒家学者要求人们在担任社会角色中应具有的道德规范的精华。儒家思想的责任观可以从其仁爱精神和忧患意识中体现出来。

(1)仁爱精神

孔子说:"夫仁者,己欲立而立人,己欲达而达人。能近取譬,可谓仁之方也已。"① 孟子说："君子之于物也，爱之而弗仁；于民也，仁之而弗亲。"② "老吾老，以及人之老；幼吾幼，以及人之幼。"③ "亲亲而仁民，仁民而爱物。"④ 张载说："大君者，吾父母宗子；其大臣，宗子之家相也。尊高年，所以长其长；慈孤弱，所以幼其幼。圣，其合德；贤，其秀也。凡天下疲癃残疾惸独鳏寡，皆吾兄弟之颠连而无告者也。于时保之，子之翼也；乐且不忧，纯乎孝者也。"⑤

这些语句中透露出的仁爱精神是在当时的历史时期中社会所倡导的责任观的一种体现。这里的"仁爱"倡导的是一种"博爱"，并不是单纯地停留在对自己家族成员的关爱和责任，而是相当于我们现在所说的对自己利害关系不大的人甚至是素不相识的人的一种责任感。正是这种真实、朴素、可信的源于亲情而又高于亲情的伟大人类之爱，才使中华民族继承并发展了"仁者爱人"的大爱精神。

传统儒学以实际的家庭生活为标准，规定了家庭和社会中各种不同角色的相应责任，要求人人都必须具有家庭责任感。例如，"父子有亲，群臣有义，夫妇有别，长幼有序，朋友有信"，"父慈子孝，兄友弟恭"，"孝弟也者，其为仁之本与"，"群臣义，父子亲，夫妇顺"。儒家强调的"十义"："父慈、子孝、兄良、弟悌、夫义、妇听、长惠、幼顺、君仁、臣忠。"

这些内容都体现了儒家学者对家庭责任的重视，尽管这种家庭

---

① [春秋] 孔子：《论语》，上海古籍出版社1995年版。
② [战国] 孟子：《孟子》，上海古籍出版社1987年版。
③ [战国] 孟子：《孟子》，上海古籍出版社1987年版。
④ [战国] 孟子：《孟子》，上海古籍出版社1987年版。
⑤ [宋] 张载：《西铭》，中华书局1978年版。

观存在比较明显的封建意识，但在当时的历史时期，它对于人们树立家庭美德，承担家庭责任，维护家庭和社会秩序起到了至关重要的作用，成为中国古代家庭伦理的典范，对于当今社会的家庭教育仍有非常重要的借鉴意义。

(2) 忧患意识

儒家的忧患意识主要包括对天下家国礼治的忧虑和对自己实践礼仪的忧虑两方面的内容。对天下家国礼治的忧虑见于孔子的："德之不修，学之不讲，闻义不能徙，不善不能改，是吾忧也。"对自己实践礼仪的忧虑见于孟子的："是故君子有终身之忧，无一朝之患也。乃若所忧则有之：舜，人也，我，亦人也，舜为法于天下，可传于后世，我由未免为乡人也，是则可忧也。忧之如何？如舜而已矣。"后代儒者的忧患意识则兼具以上两方面的内容，如宋代范仲淹的"居庙堂之高则忧其民，处江湖之远则忧其君""先下之忧而忧，后天下之乐而乐"，明代黄宗羲的"盖天下之治乱，不在一姓之兴亡，而在万民之忧乐"，顾炎武的"天下兴亡，匹夫有责"，等等。

这些都体现出了儒家学者对于天下家国礼治以及自我实践礼仪的忧患意识，从这些忧患意识中能够看出儒家思想对于自我责任和国家责任的重视，这些思想成为一代又一代中华儿女修身爱国的精神动力。

王道信念是忧患意识的一种典型表现。王道信念是儒家的治国之道，是儒家学者倾其一生努力追寻的社会政治理想。仁爱的心性修养是王道的根本，以德服人的道义是王道的标准。"内圣外王"是王道的核心理念，内圣是指正心、诚意、格物、致知，外王是指齐家、治国、平天下。儒家的"王道"与法家的"霸道"是有截然区别的,例如,孟子曾对王道与霸道的区别做过如下解释:"以力假仁者霸,霸必有大国;以德行仁者王,王不待大,汤以七十里,文王以百里。以力服人者,非心服也,力不赡也;以德服人者,中心悦而诚服也,如七十子之服孔子也。"

可见,王道既是一种以德服人的治国理念,又是一种儒家学者勇敢地担负起济世安民的责任和使命。从王道信念中可以清楚地看到儒家学者把追求个人的成仁成圣与追求大同社会的理想信念结合在一起所升华出的治国安邦的责任意识。

2. 道家"等视万物"的责任观

道家是中国先秦时期的一个思想派别,道家以道、无为、自然、天性为核心理念,其思想包括:天道无为、道法自然,一切事物都有对立面,无所不容,无所不包,和谐统一等。道家思想是中华民族原创性的哲学思想体系,其所蕴含的责任观对中国人的责任意识有深远的影响。道家思想的责任观可以从其等视万物的理念中体现出来。

"等视万物"是指以平等、包容的态度来看待万事万物。相比儒家的以血缘亲情为纽带的关系伦理,道家是从一种更长远、更广泛的角度出发,超出了家族亲情的范围,要求人们要对他人(包括素不相识的人)一视同仁,肩负起一种超越亲疏关系限制的、无条件的大爱责任。学者刘笑敢曾将这种道家式天下责任的特点概括为三个方面,即关切的对象性、广泛的包容性、价值的中立性或道德的超越性。[1]

---

[1] 刘笑敢:《道家式责任感简说》,载《中国道教》,2007年第5期。

道家"等视万物"的思想观念超越了当时的阶级、民族和宗教的思想界限，以"顺物自然而无容私"的天下责任情怀为精神归宿，对中国文化传统中的博爱精神的树立起到了直接的催生作用，并启发出人们对于理想世界的美好憧憬。因此，"等视万物"的观点体现出了道家思想包容天地、泛爱众生的天下责任，是社会责任感的一种崇高的体现形式。

道家的"无为而治"则是在"等视万物"的基础上发展出来的一种自然、朴素的责任意识，尽管看起来"无为"是一种消极、悲观的心态，但其实这里渗透着对当时社会的秩序和状态的忧虑，体现着对人民命运的关切。例如，"民之难治，以其上之有为，是以难治。民之轻死，以其上求生之厚，是以轻死。"在这种忧虑和关切背后，不能不说道家学者有一种对社会和民生的主动关心，这种关注和隐忧之情就是一种责任感的体现。

3. 法家"国家本位"的责任观

法家是先秦诸子百家中对法律最为重视的一个学术派别。他们以在法律界及法理学方面做出了卓越贡献而闻名，并提出了一整套的理论和方法。法家思想不仅在法学方面做出了很大贡献，对于中华民族在责任观方面的传承也做出了巨大贡献。其中，最具代表性的思想就是国家本位的观点。

法家学派的责任观是以国家为本位的责任观。这种国家本位的责任伦理的责任主体及其对象是家产官僚制下的国家及其君主，郡县及其官吏、民众。[①] 无论是天下责任、家庭责任，还是个人责任，

---

① 王兴尚：《论儒法两家的责任伦理》，载《理论界》，2011年第3期。

始终都是以国家责任为基准的，国家责任成为法家责任观的基本出发点和落脚点。例如，法家思想的重要代表人物韩非子把国家和君主的地位抬到了很高的位置，君主要为国家负责，臣子和士要为君主和国家负责。君主的一切行为都要为了国家的利益，而臣子的一切责任都需协助君主治理国家。韩非子责任思想的出发点就是为富国强兵这个终极目的，可见，国家在责任内容中的重要性是不言而喻的。① 在商鞅变法之后，逐渐强盛的秦国就成为国家责任本位的很好的例证。

韩非子曾经说过："君上之于民也，有难则用其死，安平则尽其力。"② "禹利天下，子产存郑人，皆以受谤，夫民治之不足用亦明矣。故举士而求贤智，为政而期适民，皆乱之端，未可与为治也。"③ 可见，法家的国家本位的责任观有明显的"重国轻民"思想。尽管他也说过："正明法，陈严刑，将以救群生之乱，去天下之祸，使强不凌弱，众不暴寡，耆老得遂，幼孤得长，边境不侵，君臣相亲，父子相保，而无死亡系虏之患，此亦功之至厚者也！"④ 但这并不是法家治国的根本目的，而是国家强盛之后的附带品。

国家责任感是责任感、特别是社会责任感的重要组成部分。法家国家本位的责任观不仅对当时群雄纷争的战国时期的国家强盛起到了关键作用，对后来整个中华民族的责任观教育也有一定的借鉴意义。但其"重国轻民"的思想仍具有比较严重的封建主义痕迹，是不符合现代教育理念的。

---

① 斗拉：《韩非子责任观研究》，华东师范大学2012年硕士论文。
② ［战国］韩非子：《韩非子》，中华书局2010年版。
③ ［战国］韩非子：《韩非子》，中华书局2010年版。
④ ［战国］韩非子：《韩非子》，中华书局2010年版。

4. 墨家"兼爱天下"的责任观

墨家是中国东周时期主要哲学派别之一，是中华民族哲学体系的重要组成部分。墨家是一个有领袖、有学说、有组织的学派，他们有强烈的社会实践精神和社会责任感。墨家学者大多是有知识的劳动者，吃苦耐劳、严于律己，把维护公理与道义看作是义不容辞的责任。墨家的兼爱天下思想被后人传为佳话，是墨家责任观的重要体现。

墨家学派的创始人墨子曾说："诸侯不相爱，则必野战；家主不相爱，则必相篡；人与人不相爱，则必相贼；君臣不相爱，则不惠忠；父子不相爱，则不慈孝；兄弟不相爱，则不和调，天下之人皆不相爱，强必执弱，众必劫寡，寡必侮贫，贵必傲贱，诈必欺愚。"① 从中可以看出墨家学者兼爱天下的责任胸怀，他们认为人们要用大爱的精神对待所有的人，这种爱是不分等级、贫富、男女、长幼、尊卑的。墨家学者认为"兼相爱"表现在"交相利"上，要求人们"有力者疾以助人，有财者勉以分人，有道者劝以教人"。墨家学者大都出自社会下层，深知百姓的疾苦，对于下层民众的责任感是非常强烈的，在诸子百家中是最重视底层人民疾苦的学派，墨子本人就是忧国忧民、苦行救世、拯救民生的典范。《墨子·鲁问》中记载："凡入国，必择务而从事焉：国家昏乱，则语之尚贤尚同；国家贫，则语之节用节葬；国家喜音沉湎，则语之非乐非命；国家淫僻无礼，则语之尊天事鬼；国家务夺侵凌，则语之兼爱非攻。"②

这些话语表现出了墨子对普通民众命运的关注、对平等和谐的

---

① ［战国］墨子：《墨子》，中华书局2007年版。
② ［战国］墨子：《墨子》，中华书局2007年版。

人际关系的宣扬、对和平美好生活的追求，充分体现出一种以民为本、以天下为己任的崇高的社会责任感和历史使命感，展现出了当时中下层知识分子的价值追求和人格境界。墨家学派出现后，社会底层人民有了代言人，他们牵挂这些人的衣食住行，为社会底层的劳动者谋求利益。因此，墨家的思想在很大程度上反映了广大人民的愿望，因而赢得了绝大多数人的拥戴和欢迎。

（三）中国特色社会主义理论中责任观的依据

中国共产党在第十七次全国代表大会中首次提出了中国特色社会主义理论体系，在第十八次全国代表大会中又对这一命题做出新的表述："中国特色社会主义理论体系，就是包括邓小平理论、'三个代表'重要思想以及科学发展观在内的科学理论体系"。其中，邓小平理论是中国特色社会主义理论体系的奠基之作，"三个代表"重要思想是中国特色社会主义理论体系中承上启下的中间力量。科学发展观是在邓小平理论和"三个代表"重要思想的基础上，立足我国的基本国情，深刻总结我国发展中的实践经验的背景下提出来的，是中国特色社会主义理论体系的最新理论成果。这些重大理论不仅用于治国之道，其中的"实事求是""与时俱进"和"以人为本"的思想对于当代大学生树立科学的责任观也有重要的借鉴意义。

1. 实事求是的责任观

实事求是一词指从认识对象的实际出发，探求事物的内部联系及其发展的规律性，从而认识事物的本质，通常指按照事物的实际情况办事。该词最早出现于东汉史学家班固撰写的《汉书·河间献王传》，讲的是西汉景帝第三子河间献王刘德"修学好古，实事求是"①。明朝学者王阳明在宋代朱熹的"格物便是致知""理在事中"的基础上，提出了"知行合一"的观点，倡导"实事求是"②的学风。可见，实事求是在中国古代就是学者们治学治史的座右铭之一。

"实事求是"既是毛泽东思想的精髓，也是邓小平建设有中国特色社会主义理论的哲学基础，是邓小平理论的精神实质，同时也是中国在改革开放初期的思想解放运动过程中产生和发展出来的重要指导思想。实事求是思想的提出对于打破当时的精神桎梏，促进社会主义经济和社会发展具有重大意义。在中国特色社会主义理论中，实事求是包括一切从实际出发、理论联系实际和在实践中检验真理和发展真理三个方面的含义。

（1）一切从实际出发

一切从实际出发，就是要求大学生在实践活动中要运用马克思主义理论的立场、观点和方法。在认识事物时，要用全面性的观点看问题，了解事物的全面情况，不能孤立地看问题，不能以偏概全，要用联系和发展的观点看问题，深入研究客观事物的内在矛盾，事物和现象之间的相互联系，把握事物的本质及其发展规律，坚持具体问题具体分析。客观地认识事物的本质规律，不以人的主观意志为转移，不从"本本"或"原则"出发。因此，一切从实际出发是做到实事求是的基本前提，既要坚持彻底的唯物主义立场，又要坚持彻底的辩证法。

大学生在树立社会责任感时要深刻地了解我国的基本国情和社

---

① ［东汉］班固：《汉书》，中华书局2000年版。
② ［明］王阳明《王阳明集》，中华书局2016年版。

会的主要矛盾，不能忽略和脱离这个实际情况。要尊重和承认客观事实，要全面地看问题，不能只见树木不见森林；要发展地看问题，不能静止地僵化地看问题。要把现象当作入门的向导，通过去粗取精、去伪存真、由此及彼、由表及里的科学分析，揭示出事物的本质。当代大学生要想做到一切从实际出发，必须深入实际，做艰苦细致的调查研究工作，这样才能把一切从实践出发的理论精髓科学地运用到实践中去。

（2）理论联系实际

理论联系实际是做到实事求是的根本途径和方法。理论联系实际就是运用马克思主义的理论指导实践，把马克思主义的普遍原理与中国革命和建设的具体实际相结合。具体地说，一方面是要以马克思列宁主义为指导来正确认识我国社会的客观发展实际，从实际情况出发来应用马克思主义解决现实问题；另一方面，就是要在生活实践中，不断总结和发展中国革命和建设的宝贵经验，将马克思主义中国化，以具有中国特色的独创性的理论来进一步丰富和发展马克思主义，使马克思主义在中国发扬光大。这就要求我们在解决实际问题和其他实践的过程中，具有创造新理论与发展新理论的意识和能力。

当代大学生必须运用理论联系实际的思想来树立社会责任感。大学生在学习责任观特别是社会责任感的相关理论的同时，一定要把这些理论与日常生活的具体实践相结合，学会在生活中应用这些理论，力求活化理论，深化理论的实践价值。树立社会责任感，一方面要以理论为指导，另一方面要在实践中不断探索，求真务实，真正把理论联系实际的实事求是精神运用到生活中去，提高自己的生活和实践能力。

(3) 在实践中检验真理和发展真理

马克思主义的基本特征之一,就是坚持以实践为基础,认为实践是认识的目的、来源和发展动力。一切科学的理论都是从实践中来,又回到实践中接受检验,这一过程往往要经过由实践到理论,由理论到实践的多次反复,才能够完成。坚持实践是检验真理的唯一标准,就是要坚持马克思主义的科学实践观。毛泽东认为:"通过实践而发现真理,又通过实践而证实真理和发展真理。从感性认识而能动地发展到理性认识,又从理性认识而能动地指导革命实践,改造主观世界和客观世界。"[①] 辩证唯物主义认识论就是基于实践的能动的革命的反映论,实践的观点是辩证唯物主义认识论的第一观点。

在实践中检验真理和发展真理是实事求是的灵魂。实事求是就是从客观实际出发,按照事物本来的面貌认识事物,并透过现象看本质,努力把握事物内在的联系和发展规律,从而做到理论与实践的统一。大学生作为和谐社会建设的主力军,更要学会在实践中求科学、验真理,在实践中掌握实事求是的原则和方法。在实践中树立社会责任感本身就是一种社会责任感的表现,就是彻底地贯彻马克思主义唯物论的体现,大学生以实际行动在社会中倡导唯物主义就是社会责任感的一种表达方式,因此,大学生必须学会坚持在实践中检验真理和发展真理的科学真理观。

---

① 毛泽东:《毛泽东选集》第1卷,人民出版社1991年版,第296页。

2. 与时俱进的责任观

"与时俱进"一词,源自《易经》中的"与时偕行"。《易经》的"益卦"中有这样一句话:"天施地生,其益无方。凡益之道,与时偕行。"这句话的意思是,给人民大众带来利益,就像天上降下雨露,大地滋生万物,没有什么固定的方法。如果抓关键,就是要随时代前进,把握时机施行。因此,"与时俱进"的"时",就是时机和时代的意思。

在中国共产党第十一届四中全会上,江泽民同志第一次提出:"要根据新的实践要求,重新学习,不断创新,与时俱进。"2000年江泽民在《中央思想政治工作会议上的讲话》中再次明确指出:"马克思主义具有强大生命力的奥秘,就在于它具有与时俱进的品质。"与时俱进的政治意义在于准确把握时代特征,始终站在时代前列和实践前沿,始终坚持解放思想、实事求是和开拓进取,在大胆探索中继承发展。

(1) 进取精神

与时俱进的首要意义就是进取精神。进取精神要求人们要有一种"逆水行舟,不进则退"的竞争紧迫感以及时不我待的时间紧迫感,只有具备这种深切的历史忧患意识,人们才能焕发出一种昂扬向上、奋发有为的精神状态。这种不甘落后、奋起直追的民族信念是实现中华民族伟大复兴的不竭动力。唯有坚持与时俱进的进取精神,才能使中国共产党永葆先进性,从而带领全国人民实现全面建成小康社会的宏伟目标。

作为风华正茂、思想活跃的当代大学生,更要在学习和生活中有意识地培养自己与时俱进的进取精神。首先,要开阔视野,更新观念，不断接受新思想、新事物，在以后的工作中要用新的眼光来发现问题，用新的方法来解决问题，以开阔的思路和敏锐的思维研究社会中的新情况、新问题，提高社会责任感的实效性。其次，要谦虚谨慎，永不自满，在取得成绩的同时，不能沾沾自喜，骄傲自大，在遇到挫折时，也不能自暴自弃，一蹶不振，要具有把失误当财富的信念，吸取经验教训，振奋精神，继续努力，始终保持积极向上的精神状态。最后，要志存高远、脚踏实地，对自己的责任心要高标准严要求，在完成学业的同时，要深入社会和基层，了解人民群众的疾苦，这对于发展社会责任感有重要价值。

（2）时代精神

时代精神是每一个时代特有的普遍精神实质，是一种超脱个人的共同的集体意识，同时也是一个时代的人们在实践活动中所体现出来的精神风貌和优良品质，是激励整个民族奋发图强的强大精神动力。

时代精神是衡量一个国家、一个民族文明进步的重要标准。与时俱进的思想要求我们要具有时代精神，无论是党的理论，还是人们的道德水平都要跟上社会的进步和时代的发展，我们的思想不仅要与时代同步，正确反映这一时代的本质和特点，更要具有一定的前瞻性，高瞻远瞩地掌握时代和世界发展的主旋律，进而始终站在时代发展和世界潮流发展的前列，否则就要面临被淘汰的风险。

当代大学生应具备热爱祖国、服务人民、崇尚科学、无私奉献和改革创新的时代精神，这是大学生社会责任感的集中体现。大学生是社会中最富有朝气、生命力和创造力的群体，应该成为时代精神的代表。因此，大学生必须真正行动起来，以高度的社会责任感和奉献精神，开拓进取，致力于社会主义物质文明、政治文明和精神文明的建设，以实际行动来诠释与时俱进的时代精神。

（3）开放精神

改革开放使中华民族走上了富强之路，这与中国共产党人的开放精神是分不开的。开放精神是在马克思主义世界观的指导下，顺应时代发展潮流的结果，因此，开放精神是时代的选择，是历史的选择，更是人民的选择。开放的思维、开放的视野和开放的理论都是与时俱进的开放精神的具体表现。开放精神要求人们要具有广阔的世界眼光和长远的战略眼光，在分析问题和解决问题时，既要着眼国内，也要放眼世界；既要着眼现实，也要放眼未来，只有把各种因素有机地结合起来，才能对大局做到宏观把握，才能确保各项工作的科学性和预见性。

发展的希望在于创新意识，创新意识的希望在于开放精神。大学生的社会责任本身就是一个开放的而不是封闭的体系，它将随着实践的发展而不断发展，同样，社会责任感也不是一成不变的，而是开放和发展的，是开放精神的重要体现。因此，当代大学生要以开放的意识来看待身上的责任，使社会责任感随着视野的开阔和时代的进步而不断地发展。

（4）创新精神

2014年6月9日，习近平在中国科学院第十七次院士大会、中国工程院第十二次院士大会上的讲话指出"苟日新，日日升，又日新"，这句三千六百年前的古语是对创新最好的描述。习近平一贯强调创新是民族进步的灵魂，是一个国家兴旺发达的不竭源泉，也是中华民族最深沉的民族禀赋。创新精神是指人们在面对新问题时，要具有能够综合运用已有的知识和技能，提出新观点、创造新方法，从而解决问题的思维和行动能力。创新精神是与时俱进的精髓，与时俱进的真谛就是发现和掌握真理，只有具有创新精神才能实现真理的探究。

当代大学生是勇于创新、敢于创新、善于创新的群体。创新精神本身就是社会责任感的体现，在社会责任感的培养中，大学生要在全社会当中带头树立创新意识、保持创新锐气、发扬创新精神，在社会责任感的树立和表达方面走在全社会的前列。

3. 以人为本的责任观

春秋时期齐国的名相管仲最早提出"以人为本"的说法，管仲对齐桓公陈述如何成就霸业时曾经说过：夫霸王之所始也，以人为本。本理则国固，本乱则国危。意思是说：霸王的事业之所以有良好的开端，是以人民为根本的；这个本理顺了国家才能巩固，这个本搞乱了国家就会面临危亡。

在党的十六届三中全会上，以胡锦涛同志为总书记的党中央提出"坚持以人为本"的路线。以人为本的路线告诉了全党和全国各族人民什么是最重要、最根本、最值得我们关注的。坚持以人为本，同我们党全心全意为人民服务的根本宗旨和代表中国最广大人民的根本利益的要求是一脉相承的。科学发展观明确把以人为本作为发展的最高价值取向，就是把不断满足人的全面需求、促进人的全面发展，作为发展的根本出发点，要让全体人民树立尊重人、理解人、关心人的社会责任感。因此，以人为本的科学发展观，就是要求人们要树立人与自然、人与社会、人与人之间和谐发展的责任观。

(1) 人与自然和谐发展的责任观

我们不断地认识和改造自然界的目的是什么？就是为了让自己以及子孙后代能够更好地生活，因此，我们要为人类创造良好的生存条件和发展环境。那么，依靠什么才能够更好地认识和改造自然界以便为人类服务呢？答案当然是要依靠人类自身。因此，我们应该明确一点，发展为了人类，发展依靠人类。但是这么一个简单的道理，却被人类千百年来认识和改造自然界的实践中淹没了。在过去相当长的历史时期内，人类的活动似乎是以征服自然界为目的的，利用不断发展的科学技术，以物质财富的增长为动力进行发展，这种发展模式在一定程度上破坏了人类赖以生存的自然环境。

恩格斯曾经说过："我们不要过分陶醉于我们对自然界的胜利。对于每一次这样的胜利，自然界都报复了我们。"[①] 正如恩格斯说的那样，人类在试图征服自然的同时，不断地破坏自然界的生态平衡，如今正在承受来自自然界不断巨变的报复。近些年来不断加剧的水土流失、土壤沙化、大气污染、资源浪费等问题非常突出，这一系列的问题都是向人们发出的严重警示。人类的发展如果违背自然规律，以破坏大自然为代价的话，必将遭到自然的惩罚。因此，时代要求我们必须树立人与自然和谐发展的责任观，在使人类自身幸福最大化的同时不忘保护我们赖以生存的自然界，让自然环境向着有利于人类生活的方向变化，真正做到人与自然的和谐发展。

(2) 人与社会和谐发展的责任观

改革开放以来特别是进入新世纪之后，我国经济持续呈现高速

---

① 《马克思恩格斯全集》第 20 卷，人民出版社 1960 年版，第 519 页。

增长的态势。在这种良好的发展势头的背后，党中央已经清醒地意识到我国的经济发展与社会进步并不协调的事实，面临着许多新情况、新问题。例如，城乡发展、区域发展不协调，贫富差距进一步扩大，出现了许多城市生活困难群体，农村的生活水平普遍比较低，经济结构调整了，但社会结构却没有相应调整，经济高速增长、社会低速发展，社会经济秩序并不规范，效率与公平的矛盾也越来越突出，一些地方只重视发展效率，不重视社会公平，这些都是我国社会发展的突出矛盾和问题。

经济和社会发展的根本目的是为了人的幸福生活和全面发展，全面发展既不是只有经济发展没有社会发展，也不是只有经济发展、社会发展而没有人的发展，应该是经济、社会和人的全面协调可持续的发展。因此，以人为本的发展理念就是要求我们在注重经济建设的同时，要兼顾人与社会的和谐发展。作为社会发展主力军的当代大学生，更要树立人与社会和谐发展的责任观，在未来的本职工作中，要多做有利于社会协调发展和人与人之间公平的事情，真正把以人为本特别是人与社会和谐发展的责任意识落实到工作和生活中去。

（3）人与人和谐发展的责任观

人与人之间的关系是整个社会关系的基础，如果一个经济高速发展的社会里，人们之间的关系（特别是物质利益关系）存在严重的对立和冲突的话，那么，就谈不上和谐发展，更谈不上以人为本的和谐发展。因此，实现人与自然、人与社会的和谐发展，最根本的是要处理好人与人之间的关系，建立公正合理的社会制度，实现人与人之间的和谐发展。

实现人与人的和谐发展，就要在全社会中建立相互尊重、关心、理解和信任的良好人际关系网。建立这个和谐关系网，最根本的就是要提高人的综合素质，包括道德水平、文化品位和精神追求等。把热爱祖国、服务人民、团结互助、诚实守信、遵纪守法的生活理念真正融入人民的实际生活中去。在提高人民的道德素养的同时，在全社会中发扬尊重劳动、尊重知识、尊重人才、尊重创造的精神，树立人力资源是第一资源的观念。始终保持党同人民群众的血肉联系，坚持发展为了人民、发展依靠人民的思想，促进党群关系的和谐发展。实现人与人和谐发展对于大学生来说，更是一种责任，这种责任是通过我们努力完全能够在自己身上做到的，树立人与人和谐发展的责任观是时代赋予当代大学生的责任和义务。

实事求是、与时俱进和以人为本是一个密不可分的整体。以人为本是发展的目的，与时俱进是发展的条件，实事求是发展的保障。总之，中国特色社会主义理论对于当代大学生的社会责任感培养具有重要的理论意义和实践意义。对大学生来说，学习中国特色社会主义理论，不是抽象、空洞的口号，必须落实到生活的方方面面之中，贯彻到学习和工作的每一个具体行动之中。

第三章　大学生社会责任感培育的实证论

本章主要采取问卷调查的方法对当代大学生社会责任感的现状进行调查研究，根据调查结果的统计全面分析当代大学生社会责任感的现状。

一、大学生社会责任感的现状调查

（一）调查的相关信息

1. 调查背景与目的

当代大学生肩负着实现中国梦的历史重任，培养具有高度社会责任感的大学生具有鲜明的时代意义。2010年7月颁布的《国家中长期教育改革与发展规划纲要（2010—2020）》将着力提高学生服务国家服务人民的社会责任感列入教育发展重要战略。党的十八大报告中明确指出："全面实施素质教育，深化教育领域综合改革，着力提高教育质量，培养学生社会责任感、创新精神、实践能力。"[①] 在

---

① 《十八大以来重要文献选编》（中），中央文献出版社2016年版。

这样的背景下，深入研究大学生社会责任感的现状，探索培养社会责任感的有效方法就成为当前高校思想政治工作的一项重要任务。近年来，关于大学生社会责任感的研究一直不断，但是很多研究仅仅是基于理论层面的探讨，所提到的大学生社会责任感现状也大都来自研究者的主观推断，通过实证调查来呈现事实的并不多见，而且一些调查往往样本较小，所得出的结论难以具有普遍性。

理论只有经过实践证明后才能称为科学。因此，为了深入研究大学生社会责任感的培养机制，必须要真实、全面地了解当代大学生社会责任感的现状。本课题组通过问卷的形式对哈尔滨市的1922名大学生进行了社会责任感现状调查，相比以往的研究，本书样本较大，调查范围覆盖各个层次的高校，以期对当代大学生社会责任感的现状做出全面的分析和评价。

2. 调查对象与方法

（1）调查对象

本次问卷调查涉及范围较广，共涉及哈尔滨市不同层次的五所高校，样本覆盖本科各年级以及研究生，专业分布广泛，包括文科、理科、工科、农科、林科及其他学科，调查对象能够在一定程度上代表大学生群体较为真实的状况。调查共发放问卷2000份，回收1953份，其中，有效问卷1922份，无效问卷31份，有效率（有效/回收）98.41%。调查对象的人口学变量分布如表3-1所示：

表 3-1　人口学变量分布

学校类别	性别		独生子女		家庭所在地		合计
	男	女	是	否	城镇	农村	
"985"高校	198	92	189	101	180	110	290
"211"高校	107	185	212	80	230	62	292
省重点高校	291	473	501	263	554	210	764
省普通高校	207	86	141	152	143	150	293
民办高校	104	179	186	97	151	132	283
合计	907 (47.2%)	1015 (52.8%)	1229 (63.9%)	693 (36.1%)	1258 (65.5%)	664 (34.5%)	1922 (100%)

（2）调查方法

本次调查采用随机抽样的方法在五所学校进行发放，使用的问卷是课题组自编的《当代大学生社会责任感调查问卷》。根据以往的相关研究，本问卷把社会责任感（广义）分为五个维度，即：国家责任感、社会责任感（狭义）、他人责任感、家庭责任感和自我责任感。这五个维度对应的题目如表 3-2 所示。此外，本问卷还对社会责任感的总体评价以及加强社会责任感的途径这两个方面进行调查。涉及的题目分别是：社会责任感的总体评价（第 21—22 题）；加强社会责任感的途径（第 23—24 题）。为了对当代大学生社会责任感的现状有更深入、全面的了解，弥补调查问卷对于信息收集不够深入的不足，调查组还对部分学生进行了个别访谈。

表3-2 社会责任感维度及对应的题目

维度	题目
国家责任感	第1—4题
社会责任感	第5—11题
他人责任感	第12—15题
家庭责任感	第16—17题
自我责任感	第18—20题

(二)调查结果及分析

1. 每道题目中各选项选择人数的频数统计:

(1) 2013年4月20日,四川雅安发生地震,你的看法是什么?

A. 尽自己最大的力量去帮助

B. 别人都捐款了,我就捐款

C. 救灾只能靠政府

D. 与我无关,从不关心

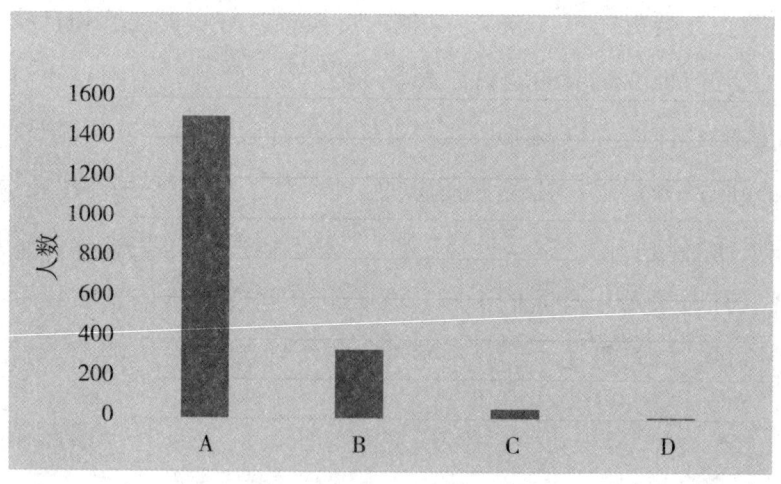

图3-1 第(1)题频数统计

（2）你对今年两会的热点问题了解多少？如教育公平，大学生就业以及房价等问题的看法是什么？

  A. 非常关注　　　　　　　　B. 知道很少

  C. 完全不知道　　　　　　　D. 不感兴趣

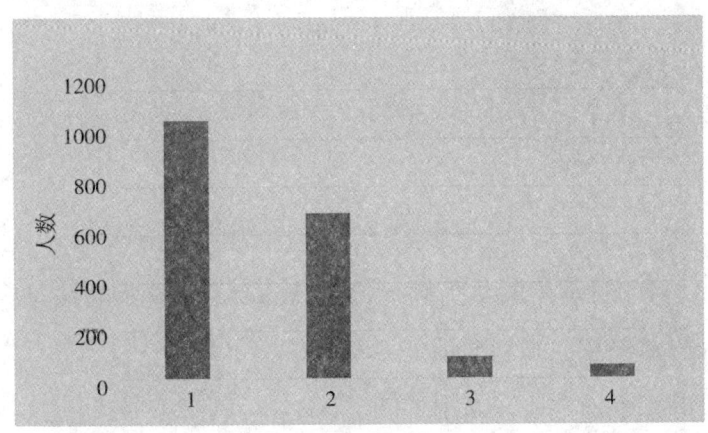

图 3-2　第（2）题频数统计

（3）对于"天下兴亡，匹夫有责"这个说法，你认为个人有必要承担国家责任吗？

  A. 有必要，国家利益与每个人都息息相关

  B. 没有太大的必要，国家责任感可以淡化

  C. 这是个人的自由，不能强求

  D. 完全没有必要

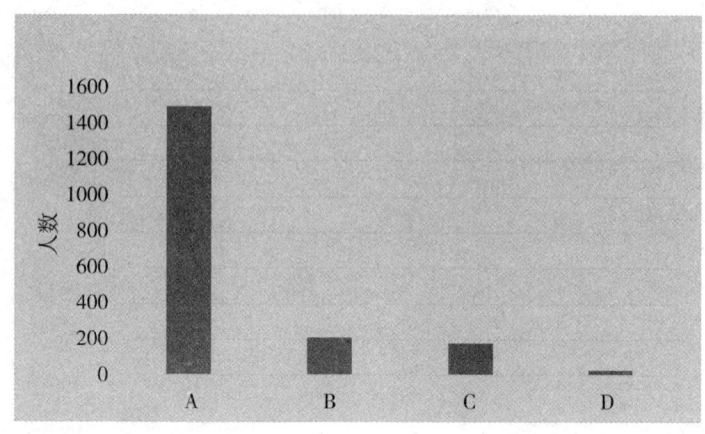

图 3-3 第 (3) 题频数统计

(4) 对于日本右翼势力登上钓鱼岛的行为，你的看法是？

A. 非常关注，感到气愤

B. 很正常，没什么大不了的

C. 完全不知道

D. 没兴趣，从来不关心

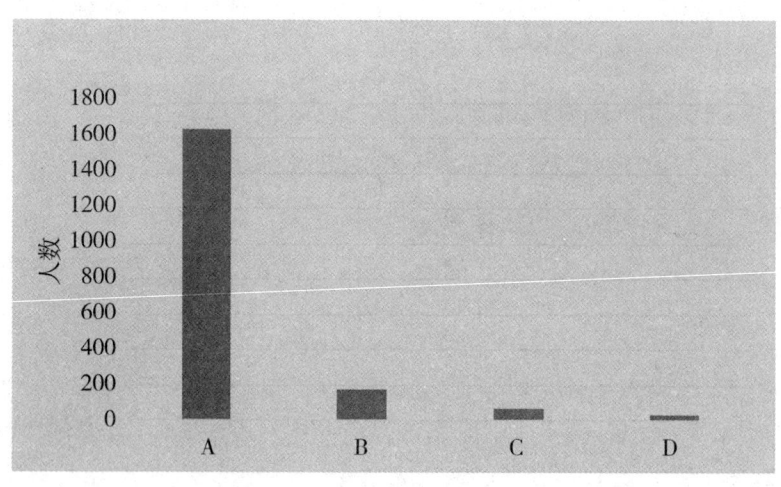

图 3-4 第 (4) 题频数统计

(5) 近几年河流污染比较严重,你的看法是?

A. 河流是公用产品,谁都不能污染

B. 治理污染的责任完全在政府

C. 从来不关心这类问题

D. 河流是公用产品,谁都可以污染

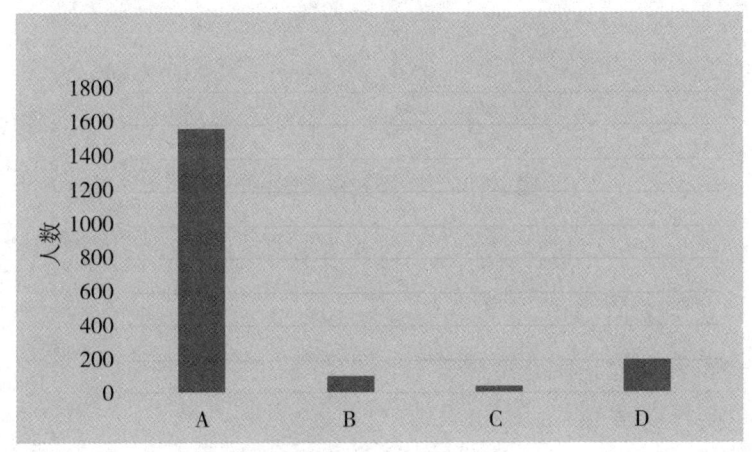

图 3-5　第(5)题频数统计

(6) 某大学生为救一位落水的拾粪老人而牺牲了,对此你的观点是?

A. 他的行为值得我学习,我也会去救人

B. 很佩服他,但我做不到

C. 为救一个拾粪老人而牺牲,那个大学生不值得

D. 太危险,自己不会冒生命危险去救一个素不相识的人

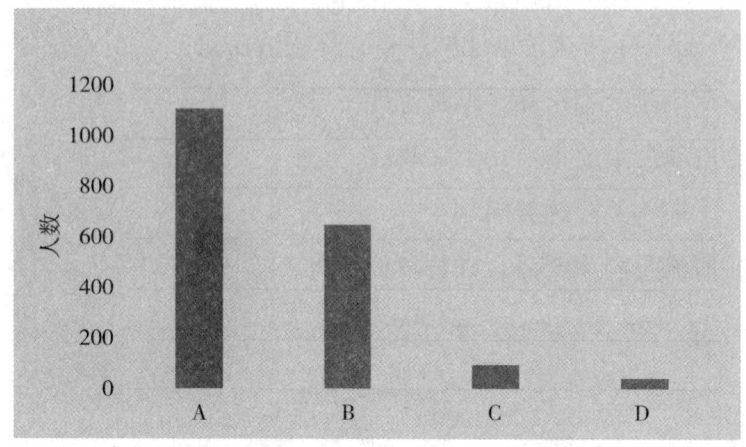

图 3-6　第（6）题频数统计

（7）当你在公共场合看到小偷正在行窃时，你会？

A. 立即上前制止

B. 如果有他人阻止或警察在时参与阻止

C. 装作没看见

D. 赶快躲开，保护好自己

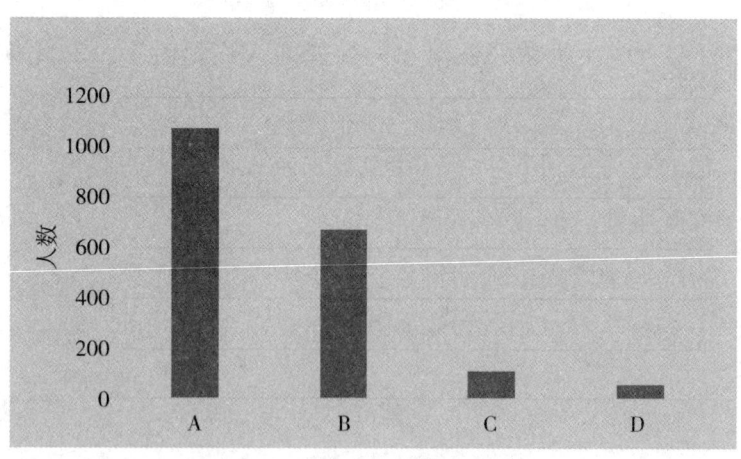

图 3-7　第（7）题频数统计

(8) 乘公共汽车遇到老弱病残孕时，你会怎么做？

A. 主动让座

B. 有时让座有时不让座

C. 别的年轻人不让座，我也不让座

D. 从来都不让座

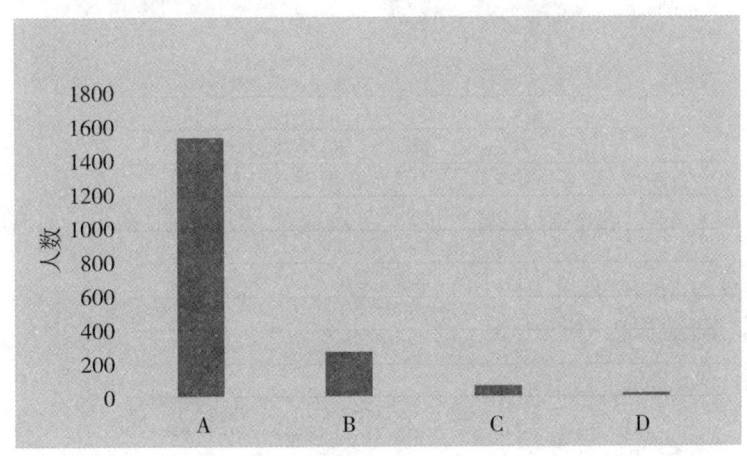

图 3-8　第（8）题频数统计

(9) 出门在外旅行，你想扔东西时如果找不到垃圾桶，你会怎么做？

A. 直到看到垃圾桶再扔

B. 扔在别人不太注意的地方

C. 随手扔在地上

D. 随便扔在哪里都可以

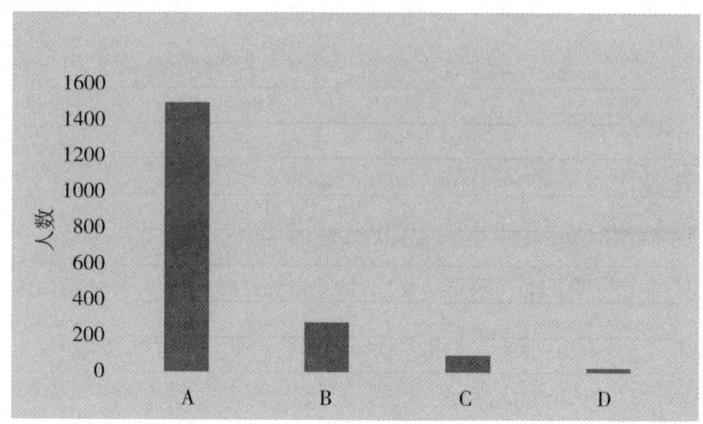

图 3-9　第（9）题频数统计

（10）对于志愿服务或其他社会公益活动等社会实践，你的参与程度是？

A. 总是积极参加

B. 感兴趣时偶尔参加

C. 同学或好朋友参加时，我才会参加

D. 从没参加过，与自己关系不大，没兴趣

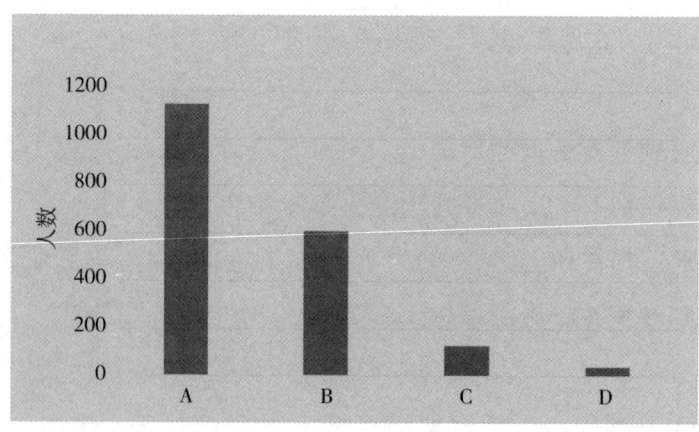

图 3-10　第（10）题频数统计

（11）有人缺乏网络道德，在网络或校园 BBS 上发侮辱性言论，你的看法是？

　　A. 不应该这样，感到气愤

　　B. 自己有时也会这么做

　　C. 从不关心这样的事情

　　D. 正常，这是个人自由

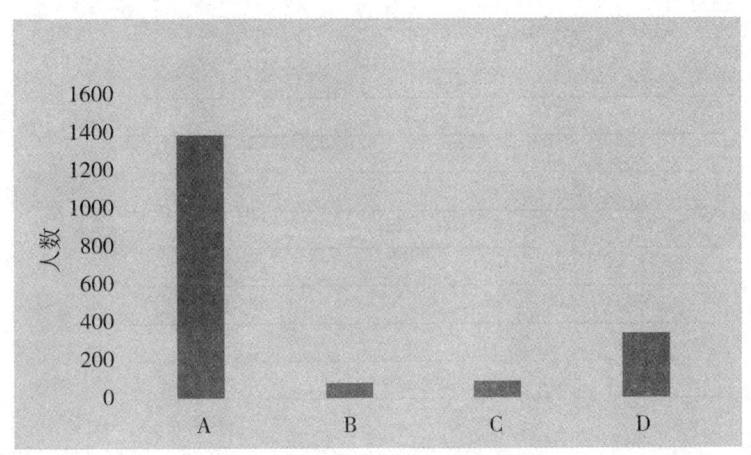

图 3-11　第（11）题频数统计

（12）当你的同学遇到困难时，你会怎样做？

　　A. 主动帮助

　　B. 别人请求时再提供帮助

　　C. 如果和我关系很好，我才会帮助

　　D. 从来不愿意帮助别人

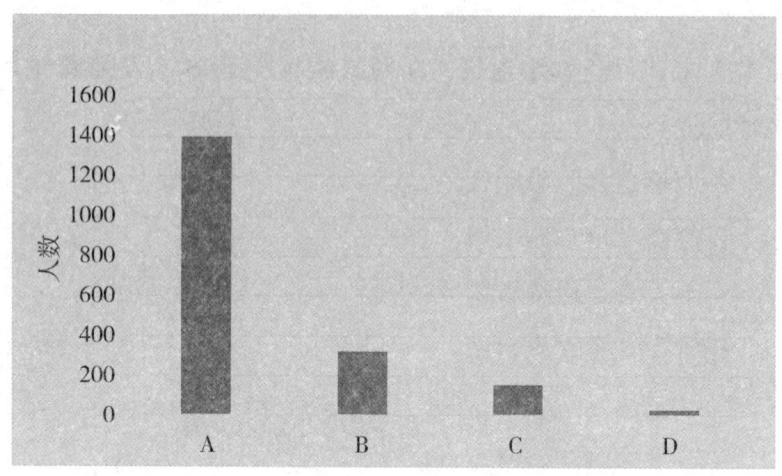

图 3-12　第（12）题频数统计

（13）发现同学违反校规时，你会怎样做？
　　A. 上前阻止　　　　　　　　B. 主动报告
　　C. 不问不管　　　　　　　　D. 为其掩饰

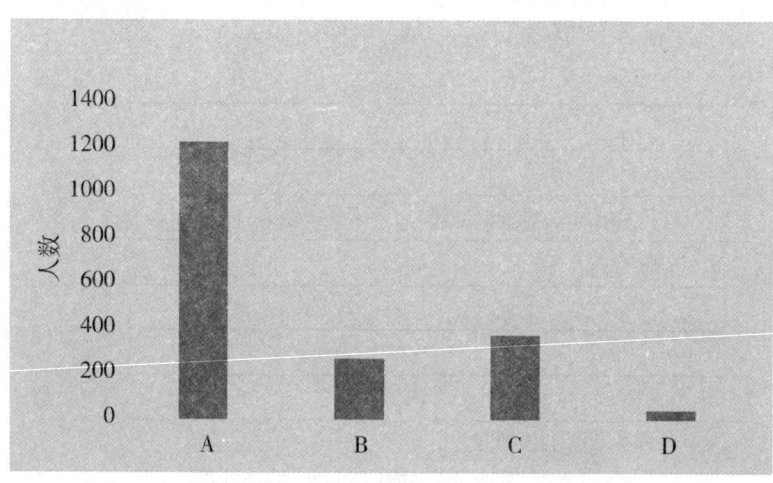

图 3-13　第（13）题频数统计

（14）对于严禁考试作弊，严重者可以开除学籍的规定。你同意哪种看法？

　　A. 应该坚决杜绝作弊

　　B. 太严厉，断送学生的前程

　　C. 不需要约束作弊行为

　　D. 只要不被校方抓住，就可以作弊

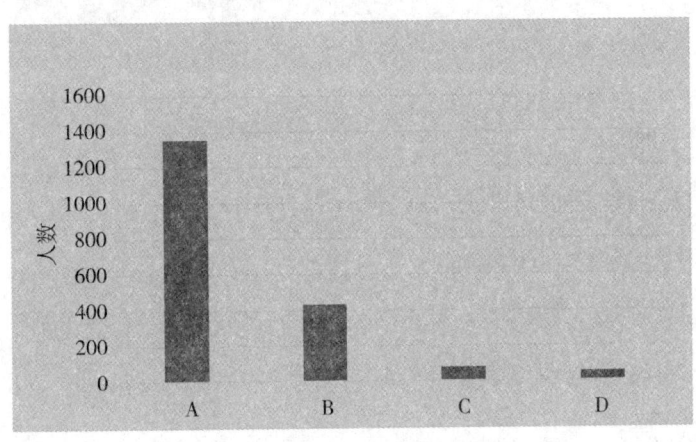

图3-14　第（14）题频数统计

（15）当班集体的重要活动与你个人的一般活动有冲突时，你会如何处理？

　　A. 积极参加集体活动

　　B. 不很情愿地参加集体活动

　　C. 说不清会怎么选择，要看具体情况

　　D. 坚决去做自己的活动

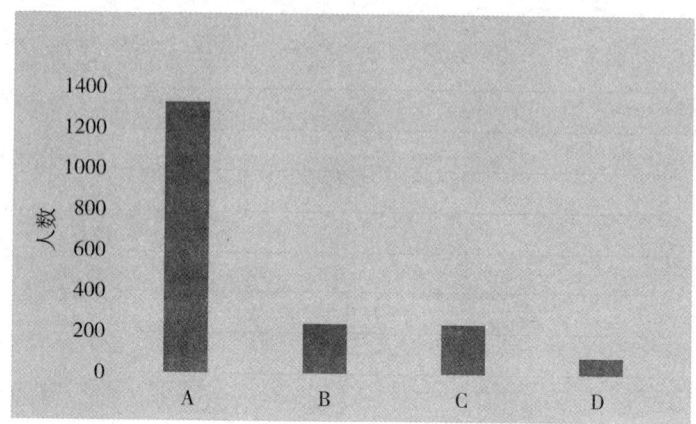

图 3-15 第（15）题频数统计

（16）在任何情况下你是否都会赡养父母？

A. 会

B. 看情况，不一定

C. 父母根本不需要我赡养

D. 不会

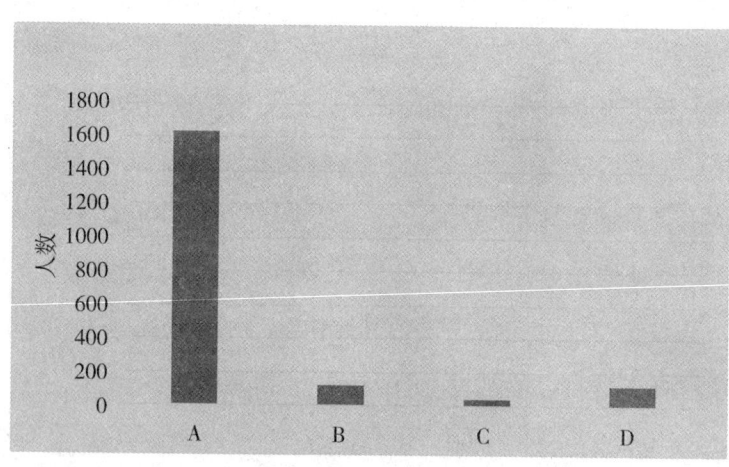

图 3-16 第（16）题频数统计

(17) 你认为自己应该从什么时候开始对家庭负责？

A. 任何时候

B. 工作稳定、有经济能力之后

C. 从来没想过

D. 不需要对家庭负责

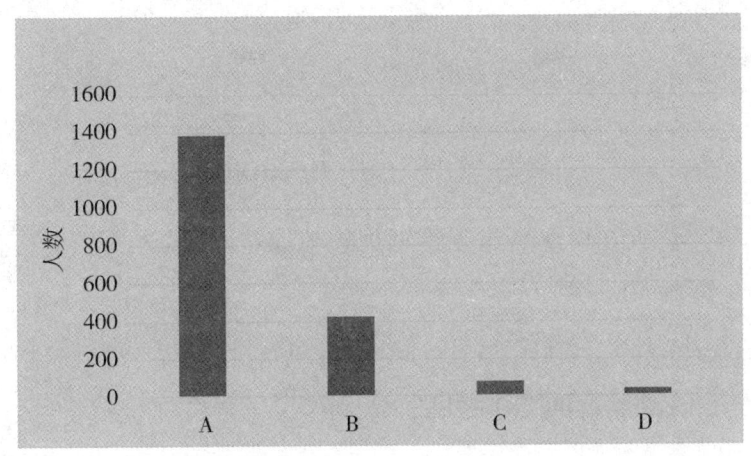

图 3-17　第 (17) 题频数统计

(18) 我们要珍爱自己和他人的生命和健康，你的看法是？

A. 自己健康才能为别人服务

B. 健康是享乐的基础

C. 不太关注自己的健康

D. 他人的生命和健康并不重要

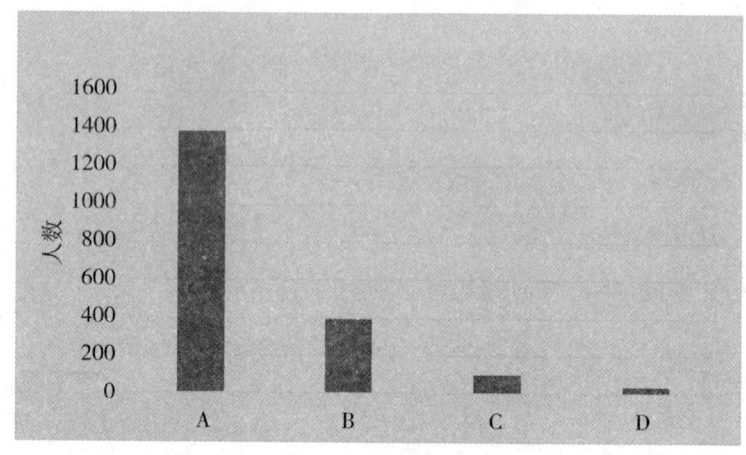

图 3−18　第（18）题频数统计

（19）你大学毕业后是否愿意到边疆或基层锻炼？

A. 愿意

B. 看待遇

C. 没找到满意的工作时可以去

D. 不会去

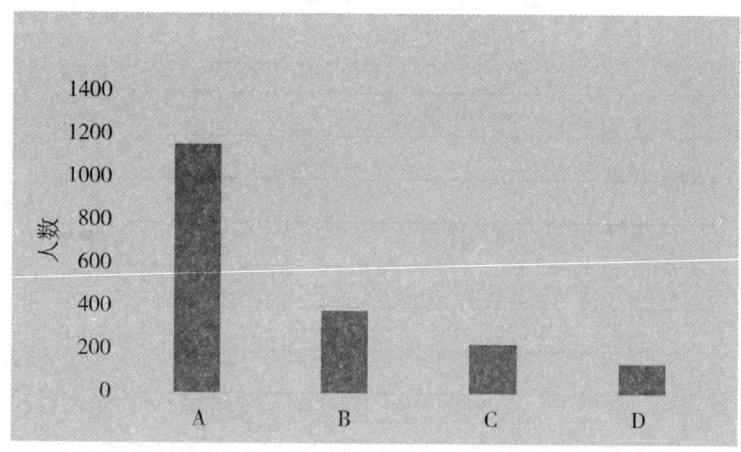

图 3−19　第（19）题频数统计

（20）你认为人的价值应如何体现？

A. 为国家、人民创造物质和精神财富的多少

B. 社会地位的高低

C. 拥有金钱的多少

D. 活得是否潇洒、滋润

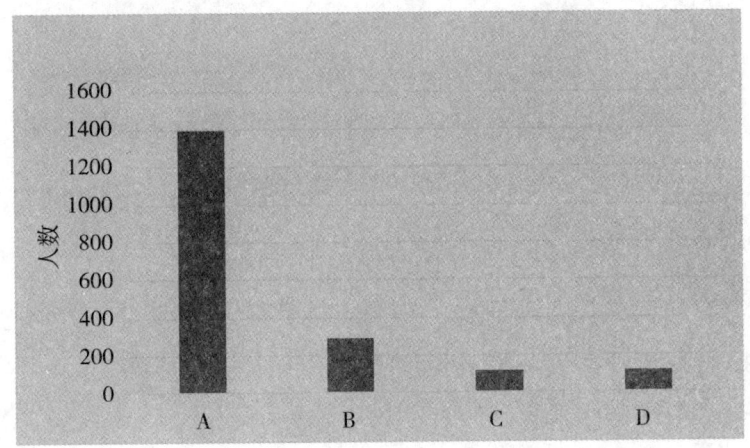

图 3-20　第（20）题频数统计

（21）你认为当代大学生的社会责任感状况如何？

A. 非常缺乏

B. 有点儿缺乏

C. 不缺乏

D. 不清楚

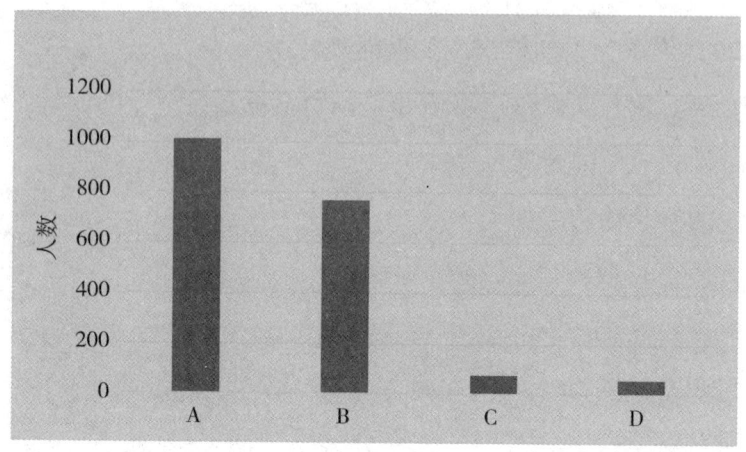

图 3-21 第 (21) 题频数统计

(22) 对于社会责任感，你对自己的评价是？

A. 有明确的社会责任感，并努力付诸实施
B. 有想为社会做些事的想法，但不知道如何入手
C. 知道应该履行社会责任，但自律能力不够
D. 从不关心社会责任

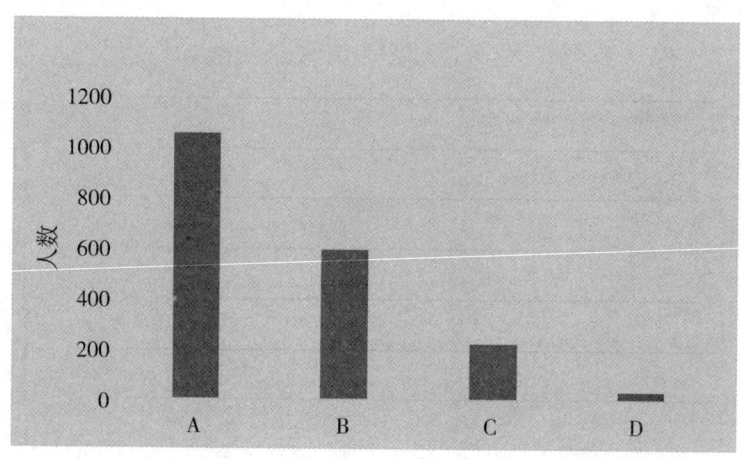

图 3-22 第 (22) 题频数统计

（23）你认为从哪个方面能够最有效地提高大学生的社会责任感？

A. 家庭教育

B. 学校教育

C. 社会影响

D. 自我教育

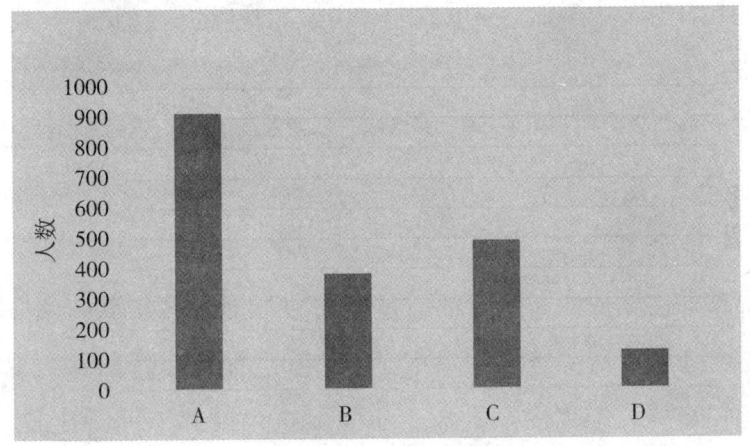

图 3-23　第（23）题频数统计

（24）你认为提高大学生的社会责任感的最佳途径是？

A. 营造和谐的文化氛围

B. 政府大力宣传社会责任

C. 加强社会实践锻炼

D. 建立全方位的育人环境

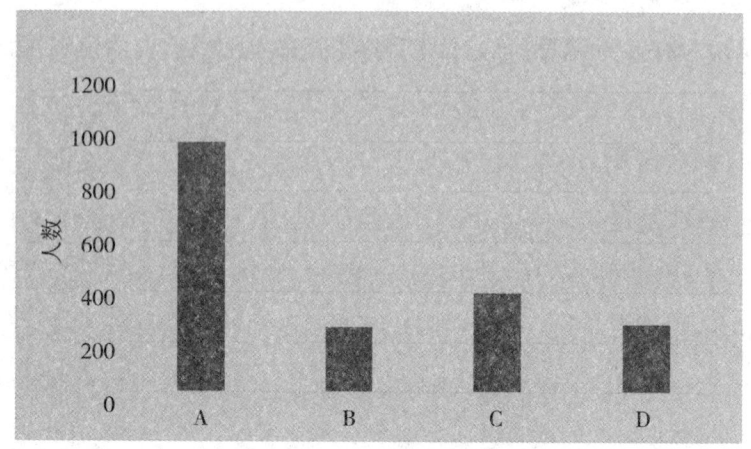

图 3-24　第 (24) 题频数统计

2. 结果分析

（1）国家责任感

国家责任感依据第二章的表述是指个体对自己所属国家应具有的社会责任感。从调查的结果来看，大学生的国家责任感的总体状况是比较好的，绝大多数人对于国家大事以及热点问题比较关注，并且持有正确的观点，但仍有一部分大学生漠不关心或者持错误的观点。例如，对于四川雅安地震，78.3%的人认为要"尽自己最大的力量去帮助"，17.9%的人选择"别人都捐款了，我就捐款"。对今年两会的热点问题，56.1%的人"非常关注"，35.9%的人"知道很少"。对于个人是否有必要承担国家责任的问题，78.3%的人认为"有必要，国家利益与每个人都息息相关"，有10.9%的人选择"没有太大的必要，国家责任感可以淡化"。对于日本右翼势力登上钓鱼岛的行为，85.8%的人表示"非常关注，感到气愤"，8.9%的人认为"很正常，没什么大不了的"。

(2) 社会责任感（狭义）

本书中狭义的社会责任感是指个体对自己所生活的周边环境以及不相识的人应具有的社会责任感。从调查的结果来看，大学生的社会责任感总体状况良好，绝大多数人对自己所生活的周边环境都有比较强烈的责任意识，对与自己不相识的人都能够给予关心和帮助，但也存在一些大学生对于环境保护和公众言论持不负责任的观点。例如：82.0%的人认为"河流是公用产品，谁都不能污染"，但有10.4%的人认为"河流是公用产品，谁都可以污染"。在舍己为人方面，对于大学生为救一位落水的拾粪老人而牺牲了的事实，58.1%的人认为"他的行为值得我学习，我也会去救人"，有34.1%的人选择"很佩服他，但我做不到"；在见义勇为方面，当你在公共场合看到小偷正在行窃时，56.1%的人选择"立即上前制止"，有35.2%的人选择"如果有他人阻止或警察在时参与阻止"，以上两道题的调查结果说明有相当一部分大学生尽管有舍己为人和见义勇为的观念，但真正面对紧急情况时，会有勇气不足的表现。乘公共汽车遇到老弱病残孕时，81.0%的人会"主动让座"，14.1%的人会"有时让座有时不让座"。对于出门在外旅行，想扔东西时如果找不到垃圾桶，有78.7%的人会"直到看到垃圾桶再扔"，14.6%的人选择"把垃圾扔在别人不太注意的地方"。对于志愿服务或其他社会公益活动等社会实践，59.4%的人"总是积极参加"，31.7%的人"感兴趣时偶尔参加"。对于在网络或校园BBS上发侮辱性言论，有72.9%的人认为"不应该这样，感到气愤"，而有18.1%的人认为"正常，这是个人自由"。

(3) 他人责任感

他人责任感依据第二章的表述是指个体在与他人的相互交往中对他人应具有的社会责任感。从调查的结果来看，多数大学生都对自己身边熟悉的人有一定的责任感，能够在他人处于困境时给予帮助，在他人犯错误时给予纠正，但也有相当一部分大学生在同学犯错误时采取不正确的处理方法。例如，当你的同学遇到困难时，73.2%的人会"主动帮助"，17.0%的人选择"别人请求时再提供帮助"，8.3%的人选择"如果和我关系很好，我才会帮助"。发现同学违反校规时，63.9%的人选择"上前阻止"，19.6%的人选择"不问不管"。对于严禁考试作弊，严重者可以开除学籍的规定，70.4%的人认为"应该坚决杜绝作弊"，但有22.6%的人认为"太严厉，断送学生的前程"。当班集体的重要活动与你个人的一般活动有冲突时，69.4%的人会"积极参加集体活动"，13.0%的人"说不清会怎么选择，要看具体情况"。

(4) 家庭责任感

家庭责任感依据第二章的表述是指个体具有的在家庭生活中积极履行分内职责和道德义务的社会责任感。从调查的结果来看，绝大多数大学生都有着强烈的家庭责任感，能够为自己的父母和家庭负责，但也有一小部分人的家庭责任感弱化。例如，对于在任何情况下你是否都会赡养父母的问题，有85.2%的人选择"会"，也有6.2%的人选择"不会"，还有2.1%的人认为"父母根本不需要我赡养"。对于你认为自己应该从什么时候开始对家庭负责的问题，72.2%的人选择"任何时候"，但有4.0%的人选择了"从来没想过"，1.9%的人选择了"不需要对家庭负责"，尽管这一比例很小，但也能从中看出个别大学生家庭责任感弱化的现象。

（5）自我责任感

自我责任感依据第二章的表述是指个体具有的对自身现在及未来生活的责任感。由于个体是社会的细胞，对自己负责就是一种对社会的负责，因此，自我责任感也是社会责任感的一种。从调查的结果来看，尽管大学生的自我责任感普遍非常强烈，表现出对自己的健康、未来的发展以及自我实现的强烈愿望，但仍然存在一些价值观扭曲的现象。例如，对于我们要珍爱自己和他人的生命和健康的看法，72.4%的人认为"自己健康才能为别人服务"，还有20.3%的人认为"健康是享乐的基础"，也有5.4%人选择"不太关注自己的健康"，甚至有2.0%的人认为"他人的生命和健康并不重要"。对于大学毕业后是否愿意到边疆或基层锻炼，60.4%的人选择"愿意"，20.0%的人选择"看待遇"，12.1%的人"没找到满意的工作时可以去"，7.5%的人"不会去"。对于人的价值应如何体现的问题，有72.5%的人认为体现在"为国家、人民创造物质和精神财富的多少"，有15.3%的人认为体现在"社会地位的高低"，有6.2%的人认为体现在"活得是否潇洒、滋润"，有6.0%的人认为体现在"拥有金钱的多少"。

（6）社会责任感（广义）的总体评价

社会责任感的总体评价是指被调查的大学生综合社会责任感的各个方面，从总体上对自己或他人的社会责任感所进行的评价。从调查的结果来看，有52.6%的人认为当代大学生的社会责任感非常缺乏，40.1%的人认为有点儿缺乏，只有4.1%的人认为当代大学生不缺乏社会责任感。可见，被调查的大学生对于整个大学生群体的社会责任感持担忧态度的人较多。但对于自己的社会责任感的评价结果却是：55.1%的人认为自己有明确的社会责任感，并努力付诸实施，31.2%的人有想为社会做些事的想法，但不知道如何入手，只有1.9%的人认为自己从不关心社会责任。看上去这两个题目所产生的结果是矛盾的，这说明大学生对于自我的评价都比较高，认为自己的社会责任感能够达到社会所要求的标准，但对于别人的社会责任感的评价则较低。这样的评价可能与平时观察别人有关，也可能有主观推断的成分。

（7）提高社会责任感的途径

从调查的结果来看，有47.7%的人认为家庭教育是提高大学生社会责任感的最重要的方面，25.5%的人认为社会影响最重要，20.0%的人认为学校教育是最有效的，只有6.7%的人认为自我教育是最重要的。由此可见，大学生对于自我教育以及对自己的反思还存在不够深入的表现。对于提高大学生的社会责任感的最佳途径的回答，有51.8%的人选择营造和谐的文化氛围，20.7%的人选择加强社会实践锻炼，14.0%的人选择建立全方位的育人环境，13.5%的人选择政府大力宣传。可见，大学生对于社会文化的整体氛围是最重视的。

3. 推断统计分析

（1）社会责任感的性别差异

从表3-3可以看出，男生和女生在社会责任感的几个维度的得分及总分上均差异极其显著。结果表明：在国家责任感、社会责任感（狭义）、他人责任感、家庭责任感、自我责任感及社会责任感（广义）总均分上女生均好于男生。

表3-3 性别因素在社会责任感的几个维度及总均分上的 t 检验（$M \pm SD$）

因变量	男	女	t
国家责任感	3.622±0.462	3.692±0.404	-3.493***
社会责任感	3.478±0.543	3.594±0.439	-5.125***
他人责任感	3.458±0.622	3.580±0.534	-4.572***
家庭责任感	3.586±0.644	3.756±0.496	-6.417***
自我责任感	3.450±0.627	3.547±0.585	-3.480**
社会责任感总均分	3.519±0.465	3.634±0.375	-5.910***

注：*$P<0.05$，**$P<0.01$，***$P<0.001$。下同。

（2）社会责任感的独生子女因素差异

从表3-4可以看出，独生子女和非独生子女在他人责任感方面差异显著；在国家责任感、社会责任感、家庭责任感及社会责任感总均分上差异极其显著；在自我责任感方面差异不显著。结果表明：独生子女在国家责任感、社会责任感、他人责任感、家庭责任感及社会责任感总均分上均好于非独生子女。

表3-4 独生子女因素在社会责任感的几个维度及总均分上的 t 检验（$M \pm SD$）

因变量	独生子女	非独生子女	t
国家责任感	3.689±0.424	3.607±0.445	3.933***
社会责任感	3.573±0.484	3.480±0.507	3.975***
他人责任感	3.546±0.582	3.481±0.576	2.391*
家庭责任感	3.710±0.550	3.615±0.617	3.376**

续表

因变量	独生子女	非独生子女	t
自我责任感	3.519 ± 0.606	3.470 ± 0.608	1.697
社会责任感总均分	3.607 ± 0.422	3.530 ± 0.423	3.837***

(3) 社会责任感的家庭所在地差异

从表3-5可以看出，城镇学生和农村学生在他人责任感和家庭责任感方面差异显著；在国家责任感、社会责任感及社会责任感总均分上差异极其显著；在自我责任感方面差异不显著。结果表明：城镇学生在国家责任感、社会责任感、他人责任感、家庭责任感及社会责任感总均分上均好于农村学生。

表3-5　家庭所在地因素在社会责任感的几个维度及总均分上的 t 检验（$M \pm SD$）

因变量	城镇学生	农村学生	t
国家责任感	3.691 ± 0.424	3.598 ± 0.445	4.520***
社会责任感	3.561 ± 0.496	3.499 ± 0.490	2.610**
他人责任感	3.545 ± 0.578	3.481 ± 0.583	2.298*
家庭责任感	3.699 ± 0.553	3.632 ± 0.617	2.344*
自我责任感	3.519 ± 0.617	3.467 ± 0.586	1.777
社会责任感总均分	3.603 ± 0.424	3.535 ± 0.419	3.333**

4. 调查出的问题及对策

(1) 调查暴露出的问题

①对国计民生关注不够

大学生作为社会发展的重要力量、国家的栋梁之才，对社会热点问题乃至国家大事都应该非常关注并持有积极的观点。但在调查中发现，大学生对于国计民生等热点问题关注不够，在事关国家利益的大是大非问题上，持有错误观点的也大有人在，这是大学生的国家责任感和社会责任感不足的表现。如果大学生不能够深入了解国情，没有了解社会发展的强烈愿望，不仅限制他们的生活视野和思想进步，更会影响他们的爱国情怀，不利于爱国主义和集体主义精神的培养。

②责任行为与责任意识相脱离

尽管有相当一部分大学生有助人为乐、见义勇为甚至舍己为人的意识，但在真正面对紧急情况时，会有勇气不足的表现。这表明，大学生尽管有一定的社会责任意识，但在由意识向具体行为转化的过程中还存在一定的障碍，也就是责任行为与责任意识相脱离。造成这种状况的原因在于保护他人利益时有可能要牺牲自我利益，这种牺牲很可能是非常重大的，人都有保护自我利益的意识，这是一种本能，在紧急情况下，助人意识和利己意识会有个短暂的碰撞，当这种碰撞以利己意识获得胜利而结束时，社会责任意识就无法转化为责任行为。因此很多大学生尽管佩服见义勇为的人，但自己却做不到。

③漠视他人的错误

调查发现，在身边人犯错误时，有相当一部分大学生会采取不管不问的处理方法，这种思想是一种"事不关己高高挂起"的心态。尽管大学生能够意识到别人的错误，但总会有一种"制止他人的错误就会得罪别人"的想法，为了保护自身的形象和利益，就不会去制止别人的错误行为。实际上，这种他人责任感弱化的现象也是一种利己主义的表现。另外，相当一部分学生认为对考试作弊者开除学籍的规定过于严厉，说明这些学生并没有深刻地认识到考试作弊的不良后果,有纵容作弊的心态。

④自我发展中功利主义思想严重

对于未来的发展,一部分大学生存在比较严重的功利主义思想,认为社会地位高、财富多就能体现出自身的价值,甚至有的人把"活得是否潇洒"看成衡量自身价值的标准。对于毕业后的工作,相当一部分大学生没有把到边疆或基层锻炼作为自己的目标,甚至有人根本就不会去。功利主义思想的蔓延必然会影响大学生的世界观、人生观、价值观,使他们盲目追逐利益,相互攀比财富和地位,加重利己观念,不利于社会责任感的培养。

⑤自我评价和社会评价相矛盾

调查显示,大学生对于自己的社会责任感评价都比较高,但对其他人的社会责任感的评价则较低,认为大学生普遍缺乏社会责任感,显示出自我评价和社会评价相矛盾的现象。出现这种现象的原因可能是在社会责任感面前,被调查者对自己和对别人的要求的双重标准所导致的。我们多数人都能够认可自己的观点和行为,却总是关注其他人的行为,这是一种"选择性的关注",即不怎么关注与自己相同观点和行为的人,认为那是理所当然的,更关注与自己不同观点和行为的人,认为那是不合理的。因此,就会造成人人都觉得自己不错,却总觉得其他人不对。这说明大学生对于自己思想和行为的自省意识和能力需要进一步加强。

⑥男生、非独生子女学生和农村学生的社会责任感相对较弱

统计学推断显示,男生、非独生子女学生和农村学生的社会责任感与女生、独生子女学生和城市学生相比较弱。原因可能与不同类别的学生的成长环境和经历不同所造成的。女生相对男生情感更

细腻,能够更深入地体会他人的感受,更富有同情心;独生子女从小得到父母的关爱更多,长大后向身边的人、向社会所释放的爱也更多;城市学生的成长环境较好,知识面和阅历丰富,视野更宽,也更加关注社会。因此,我们需要重点加强男生、非独生子女学生和农村学生的社会责任感培养。

(2) 解决问题的相应对策

①加强国计民生等社会热点的宣传力度

高校可以通过多种渠道向大学生宣传社会热点问题,并从积极的角度解读这些问题,通过传递正能量来提高大学生关注国家大事的意识。校园广播、宣传栏、校报、网站等都可以成为宣传的主要阵地。作为学生身边的生活导师,辅导员也要树立宣传意识,有目的、有计划地组织学生开展社会热点问题讨论活动,在学生积极参与、认真思考的基础上进行正面引导,让学生对各种社会现象有理性、客观的认识。思想政治理论课教师也应在教学中有意识地穿插对社会热点问题的剖析,用理论知识来解读实际现象,通过教学培养学生了解国家和社会的兴趣以及客观解读时事热点的能力。

②大力提倡见义勇为和舍己为人的助人行为

在我们的日常生活中,助人行为屡见不鲜,但在遇到紧急情况时,能够果断勇敢地伸出援助之手的人并不多。大学生作为社会的进步力量,应该牢固树立见义勇为和舍己为人的助人精神,并落实在实际行动中。因此,我们要积极寻找并树立助人榜样,在大学生群体中广泛开展向英雄模范学习的活动,大力提倡这种精神。让学生以助人为乐为幸福、以见义勇为为骄傲、以舍己为人为模范,将这种精神转化为行动,培养临危不惧、大义凛然的社会责任意识,在危险面前果断行动,把帮助素不相识的人作为一种责任来对待。

③鼓励学生敢于制止别人的错误

学校要向学生大力宣扬勇于同身边的不良行为作斗争的精神,使学生树立"制止别人犯错误、改正别人的错误就是帮助别人"的思想意识。通过宣传与讨论、引导与灌输、学习与示范等形式来开展教育活动,例如,可以让学生每周甚至每日都去主动制止身边的一种不良行为,告诉犯错者错在哪里、如何改正。通过坚持不懈地进行教育活动,逐步转变大学生群体中他人责任感弱化的现象。考试作弊就是大学校园里一种常见的不良行为,如果每个学生都能够在思想上深刻认识到作弊的危害,并在行动上抵制他人作弊的话,这样就能既提高学生的他人责任感,又可以使作弊行为无处藏身,净化考试环境。

④积极倡导个人发展的社会价值

面对大学生自我发展的功利主义思想严重的现实,高校要积极倡导学生树立为国家和社会做贡献的发展目标,引导大学生主动投身于基层或偏远地区的艰苦环境中锻炼自己,到祖国最需要的地方去工作,努力实现自身发展的社会价值,重视自身发展的社会责任。通过学习老一辈革命家和建设者的先进事迹以及列举当代先进人物的榜样行为来鼓舞学生投身于国家和社会的建设中,把"个人梦"与"中国梦"结合起来,提倡在奉献之中发展自己,把祖国和人民的利益放在首位。

⑤时刻牢记社会责任的自省意识

调查发现,很多大学生都认为自己的社会责任感比较强,对于身边人的社会责任感却不乐观。这说明在大学生群体当中确实存在社会责任意识和行为欠缺的现象。因此,大学生对于自己的社会责任感的自省意识需要进一步加强。学校要通过宣传教育等活动提醒大学生要经常反思自己的社会责任意识和行为。例如,可以开展效仿古人"一日三省"的活动,每个人每天都抽出固定时间反思自己的社会责任和行为,对于做得好的地方要鼓励自己继续坚持,做得不好的地方要及时改正,要用同样的标准来评价自己和他人的社会责任行为。

⑥注重特殊群体的社会责任感培养

对于高校中的特殊群体,他们的社会责任感同样关乎国民素质的高低以及国家未来的发展。辅导员要格外关注男生、非独生子女学生和农村学生等群体,重点加强这些学生的社会责任感培养。同时,对于家庭贫困学生、少数民族学生以及有宗教信仰的学生也要重点关注,在生活中给予这些学生更多的关爱,引导他们积极进取、学会感恩、学会回报,如果大学生在成长过程中得到足够关爱的话,他们就会用同样的方式把得到的爱回报给社会。

二、大学生社会责任感的现状分析

(一) 大学生社会责任感的主流取向

在 21 世纪的今天,中华民族迎来了实现伟大复兴的历史时期。我们要抓住机遇,努力朝着全面建成小康社会,实现中国梦的奋斗目标前进,这是 21 世纪摆在全国人民面前的神圣而伟大的历史使命。中华民族的青年人特别是当代大学生是完成好这个光荣而艰巨的任务的主力军。当代大学生是继往开来的一代,他们的社会责任感直接影响着民族复兴这一历史重任的担当。当代大学生作为社会的一个接受高等教育的特殊群体,应当拥有较丰富的专业知识和实践技能,富有改革创新精神和开拓进取能力,具有历代知识分子所具有的忧国忧民意识和报效祖国的先锋行为,他们是祖国的未来和希望,是象征着活力和希望的群体。他们眼界开阔、精力充沛、善于思考、思维敏锐,理应成为能够关心国家和社会的发展,具有较高的爱国热情和强烈的民族自尊心和自豪感,政治素养良好,富有极强的社会责任感的群体。

中共中央下发的《关于进一步加强和改进大学生思想政治教育的意见》指出:"当代大学生思想政治状况主流是积极的、健康的、向上的。他们热爱党,热爱祖国,热爱社会主义,坚决拥护党的路线方针政策,高度认同邓小平理论和'三个代表'重要思想,充分信赖以胡锦涛同志为总书记的党中央,对坚持走中国特色社会主义道路、实现全面建设小康社会的宏伟目标充满信心。"2011年教育部通过对全国140所高校的25000多名学生进行调查。结果表明,当前高校学生思想的主流取向是继续保持积极健康向上的良好态势。尽管当前在少部分大学生身上存在着非常令人担忧的社会责任感淡化的倾向,但对大多数大学生的思想状况还是给予了充分的肯定。

从社会上广为传颂的一些大学生的先进事迹中我们也能够看到当代大学生强烈的社会责任感。例如,许多大学生都以积极的热情投身于国家建设,他们以高度的热情积极参加北京奥运会的志愿活动,或者远赴偏远山区进行义务支教,关注和支援汶川地震后的抗震救灾活动,等等。至今我们仍然记得2008年北京奥运会上大学生志愿者们用他们的热情和活力感染了全世界人民。其中,长江大学三名90后舍身救人的大学生陈及时、何东旭、方招以及自愿到西部支教的徐本禹等人的事迹都向世人说明,当代大学生是具有高度的社会责任感的。在这些人身上,大学生的社会责任感得以充分体现。一个叫高明的北大学生投笔从戎、参军报国的故事一直在感动我们,面对社会大众对他的行为的热议。高明说:"当兵就是尽义务,没有那么多为什么。承担与权利相应的义务和责任是社会对每个公民的必然要求,尤其是在追求自身权利已成共识的今天,对责任的持守显得更加有力"。几年前,当高明的家人和朋友对高明考上北大又主动参军的行为大为不解时,高明就用短信做出了回答:"此事无关富贵。"在很多人看来,人生追求的无非是名与利、富与贵。但在像高明这样拥有高度社会责任感的大学生们看来,责任恰恰是"无关富贵"的一种关怀,是一个成熟的现代公民对社会和他人所必须担当的一种使命,是不可忘却和不可推卸的。在最近几年发生的一些重大政治和社会事件中,我们也能够在当代大学生的实际行动中看到他们所表现出的强烈的社会责任感。例如,在藏独分子的"3·14"打砸抢烧事件中,大学生能够在理性思考的基础上明辨是非,表现出了强烈的国家和民族责任感;在"5·12"汶川大地震发生以后,全国的大学生都在积极募集救灾物资,参加献血,甚至有的学生直接参与到抗争救灾的第一线。这些事件反映了当代大学生的博爱、善良和勇于担当的优秀品质,体现了他们在责任面前的爱国热情和勇于自我牺牲的精神,也充分说明了当代大学生是富有社会责任感并且值得国家和人民信任的一代优秀青年。

因此,尽管现在社会上有一部分人认为当代大学生整体素质偏低、社会责任感不强,但这也是相对于以往大学生相比,与社会上其他群体相比,当代大学生的社会责任感的总体情况是良好的。以往很多学者的调查结论都支持当代大学生社会责任感的主流取向是积极向上的结论,本书的调查结果也再次证实了这个结论。本书从国家责任感、社会责任感(狭义)、他人责任感、家庭责任感、自我责任感和社会责任感(广义)的总体评价以及提高社会责任感的途径这七个方面来评估当代大学生的社会责任感的现状。从调查的结果来看,多数大学生对于国家大事以及热点问题比较关注,并且持有正确的观点;对自己所生活的周边环境都有比较强烈的责任意识,对与自己不相识的人都能够给予关心和帮助;对自己身边熟悉的人有一定的责任感,能够在他人处于困境时给予帮助,在他人犯错误时给予纠正;并且有着强烈的家庭责任感,能够为自己的父母和家庭负责;对自己的健康、未来的发展以及自我实现表现出强烈愿望。

因此,我们有理由相信绝大多数当代大学生的社会责任感的主流取向是积极、健康、向上的。他们热爱祖国,对于祖国的发展充满信心,心系党和国家的命运,有报效祖国的坚强决心。他们富于正义感,自愿服务社会,热心公益事业,乐于奉献,勇于负责,具有强烈的民族自豪感和自信心。他们崇尚自由但不极端自我,追求创新但不否定传统,他们已明确地认识到个人成长与社会发展是息息相关的。对于积极担当社会责任的当代大学生,我们应该给予他们更多的赞美和鼓励,正是他们的努力才使得我们的国家更加繁荣、社会更加和谐。

(二)大学生社会责任感的影响因素

大学生的社会责任感教育是一个系统工程,为了使这个系统工程能够真正获得成功,就必须对它的各种影响因素进行充分研究。

和其他人群一样，大学生不是生活在真空中，大学生的社会责任感是在受到各种因素的影响的过程中逐步形成和发展的，归纳起来，主要有社会、家庭、学校和自我这四个方面的因素。

1. 社会因素

"不管个人在主观上怎样超脱各种关系，他在社会意义上总是这些关系的产物。"① 作为生活在现实社会中的人，大学生的社会责任感受到多种因素的影响。其中，大学生所处的社会环境是不容忽视的。其中，经济环境、文化思潮和大众传媒是影响大学生社会责任感形成和发展的重要因素。

(1) 经济环境的影响

中国几千年来的传统文明塑造了中华民族特有的价值体系和道德规范。"先天下之忧而忧，后天下之乐而乐""以天下为己任""国家兴亡，匹夫有责"的责任观，使一代又一代的中华儿女自觉地将自己的命运与国家的命运紧密地结合起来。改革开放之后，市场经济体制的逐渐建立，为社会带来了许多积极的影响，尽管市场经济体制为社会社产力的发展提供了充足的条件，极大地提升了广大人民的劳动积极性，是合乎当今社会发展规律的理性选择，但在积极意义的背后，却存在对人们的消极影响，其中之一就是市场经济所遵循的是价值规律，是以所获得利润的高低作为评价市场行为成功与否的主要标志，与此相适应的逐利思想就会影响当今社会人们的思想道德水平。人们在这种逐利思想的影响下就会只关注自身利益的获得，而忽视自己的社会责任感，导致责任意识缺失。由于高

---

① 《马克思恩格斯文集》第5卷，人民出版社2009年版，第10页。

校是一个与社会紧密联系且较为开放的系统，这种思想在一定程度上也影响了一部分大学生的价值观，高校中的价值观教育的目标和内容与社会大众所追求的实际情况形成巨大反差，以致在很大程度上冲淡了学校思想政治教育的作用。许多大学生出现了个体本位思想，只关注自身发展，而不考虑社会和他人利益，以自己利益的最大化作为衡量成败的标准，使他们产生了金钱万能的思想，从而诱发他们产生一切向钱看的拜金主义、享乐主义和极端个人主义思想。社会上的一些不正当的竞争和腐败现象也会严重影响大学生的社会责任感，使他们产生理想信念模糊、政治信仰迷茫、价值取向扭曲、艰苦奋斗精神淡化，特别是社会责任感弱化等问题。

（2）文化思潮的影响

随着时代的发展和东西方交流的深入，西方世界的各种文化通过不同的方式不断传播到中国，在这其中既有积极的文化，如先进的科学技术和优秀的管理理念，也有腐朽消极的文化，如西方的个人主义和存在主义思想，这对当代大学生的思想道德特别是社会责任感的消极影响是非常大的。个人主义思想是西方资产阶级伦理道德原则的核心，其个人本位、个人中心、个人至上的行为原则把个人利益作为最高追求。与此相应的是在价值观领域，个人主义把个人利益放在社会利益和他人利益之上，在处理个人与社会的关系时，以个人为本位，以利己为目标，把社会和他人作为实现个人利益的工具和手段。个人主义思想可以分为一般个人主义与极端个人主义。一般个人主义带有看似合理的利己主义特征，即所谓"主观为自己，客观为社会"，它强调人应该利己但不能损人。而极端个人主义则完全否认社会和他人的价值，主张不惜采用损人的方式来追求自己的价值目标，否定社会和群体的整体利益，因而也就不承认个人应该承担对他人利益和社会整体利益的责任。存在主义思想则是从主观唯心主义出发，以"存在先于本质"为前提，认为个人首先存在，然后按照自己的意志完全自由地选择了自己的本质，造就了自己。存在主义推崇绝对的自由，认为人应该只对自己负责，没有义务去牺牲自己的利益而遵守道德。这些消极的思想很有可能会被一部分道德判断能力较差的大学生所接受。他们会把个人主义和存在主义的思想视为真理，丧失了以马克思主义理论为指导的思想观念。逐渐沦为极端自私自利的学生，弱化甚至丧失了社会责任感。他们只关注自我，特别重视个人物质利益的满足，追求权利，唯利是图，甚至损人利己，这些都是各种消极文化思潮所带来的不良后果。

（3）大众传媒的影响

电视、报刊、网络、电台等大众传媒的主要功能是信息传播，另外还具有宣传教育、舆论监督、提供娱乐和文化传承的作用。但是，很长一段时期以来，随着我国大众传媒产业的市场化运作，各大媒体为了提高收视率，获得更高的经济效益，大量引进娱乐类节目。一些娱乐类节目中就存在单纯地为了吸引观众喜爱的低俗、庸俗、媚俗的节目，这些节目对大学生的思想道德修养产生了很多不良影响。一部分大学生产生了低俗的价值观，只关注娱乐而忽视时政和其他人文关怀类信息，这势必会影响到大学生社会责任感的培养。对于大学生这个思想意识超前且追求时尚潮流的群体，互联网对他们的影响是最大的。在高校中，绝大多数学生都通过计算机或手机经常上网，成为标准的网民。互联网本身存在信息良莠不齐的特点，一些西方资产阶级的价值观会通过网络来影响我国当代大学生，一些国家极力向坚持社会主义道路的中国全方位和全天候地推行自己的价值标准、意识形态和社会文化。部分自制力和辨别力弱的大学生，其价值观特别是社会责任观念就会面临巨大的冲击。在网络世界里，人们可以摆脱传统社会的管理，进入到一个新的世界，在这个新世界中，由于自己的身份被虚拟化，大学生的个人主义倾向就会被不断强化，因此，高度自由的网络世界也会使得一些大学生放纵自己的行为，淡漠社会责任感。

2. 家庭因素

家庭是人的第一所学校，父母是自己的第一任教师。一个人的人格发展不可避免地会打上家庭生活的烙印。因此，家庭对于大学生的思想道德修养，特别是社会责任感的形成和发展起到至关重要的影响。一些来自家庭的不良因素不利于大学生社会责任感发展，这其中就包括重智育轻德育的教育理念，过分溺爱的教育方式以及不良的家庭环境。

（1）"重智育、轻德育"的教育理念

在封建社会里，人们将"万般皆下品，唯有读书高"视为人生的座右铭，把读书作为成才的唯一途径。然而时至今日，许多家长仍然追求分数至上的教育理念，绝大多数家庭都将子女的学习成绩放在首位，把上大学特别是上好大学作为子女的唯一出路，只要孩子在学校的考试中各科能得到高分就行，而忽视孩子道德素质和心理素质等方面的培养，甚至连这些方面出现的一些严重问题都视而不见。在孩子的投入上，许多家长舍得花钱给孩子上各种课外辅导班，所谓的肯花钱买智育、美育、体育，但没人肯花钱买德育，说的就是这种不良现象。实际上，随着现代科学技术的发展，对人的各种能力的要求也越来越高，人们普遍把工作能力视为人的素质的重要标准，其实工作能力只是衡量人的素质的标准之一，道德才是衡量人的素质的最重要的标准。因此，对子女的德育培养是非常重要的，培养子女的社会责任感更是家庭教育中不可缺少的。家庭中重智育轻德育的教育理念会直接导致孩子不会关心身边的人，不知道回报社会，孩子的社会责任感就会发展缓慢甚至倒退。

(2) 过分溺爱的教育方式

当代大学生，无论是出生在城镇还是农村，很多都是独生子女，生活条件优越，从小在家里就享受着"小皇帝""小公主"的待遇。父母对孩子过分溺爱的不在少数，尤其在当前"421"家庭结构模式下，不仅父母溺爱，祖父母、外祖父母对孩子的溺爱程度也十分严重。在溺爱的环境中，孩子什么事情都需要大人包办，父母不肯放手让子女去做必要的事情，孩子缺乏生活的磨炼，父母对孩子的责任心呈现超重的趋势，也就是父母承担了本不该是他们的责任。一切家务劳动全部包办代替，甚至出现了上大学也有陪读的现象。子女相应地出现责任失重现象，子女把本该是自己承担的责任推给父母，衣来伸手、饭来张口，依赖性严重的孩子习惯于获取和接受，却不懂得付出和责任，形成了不负责任的消极心理。这样的孩子自幼就很少有回报他人的意识，长大后更是缺乏基本的生存技能和对他人、对社会尽责的精神。在这种教育方式下成长起来的大学生会出现意志薄弱，克服困难能力差的弱点。他们往往以自我为中心，对他人和社会的要求过高，而自己的付出却很少，从而出现社会责任意识淡化的现象。

（3）不良的家庭环境

家庭环境是孩子成长的摇篮，良好的家庭环境能够对孩子的品德和修养产生潜移默化的积极影响；相反，不良的家庭环境也能够对孩子产生各种消极的影响。有些家长因为工作压力大，过多地将精力用于繁重的工作，或者夫妻关系紧张或离异，因此投放到子女教育上的精力就比较少。当子女出现各种心理和行为问题时，一些家长往往采取打骂等简单粗暴的教育方式，这样不但起不到教育引导的效果，反而适得其反。在孩子面前使用暴力就等于教孩子使用暴力，在这种教育方式下成长的孩子会出现忍耐力差，喜欢使用暴力来解决问题的行为倾向，对他人缺乏起码的关爱和同情，更谈不上具有较高的社会责任感。还有一部分家长不注重自身品德修养的养成，在子女面前表现出一些不负责任的言行。有的父母在思想上给孩子灌输"明哲保身""只扫个人门前雪""惹不起躲得起"的观点；有的父母当与孩子出行碰到偷盗抢劫等紧急情况时，自己选择坐视不管或不让孩子去管。俗话说"榜样的力量是无穷的"，孩子的模仿能力特别强，他们会模仿父母，对身边的人或事变得冷漠，同时也会缺乏社会责任感。因此，家庭中父母没有承担起应有的社会责任，没有为孩子树立良好的榜样，很难想象在这样环境中成长的孩子能够成为一个有责任感的公民。

3. 学校因素

学校是一个人成长和成才的重要培养场所，可以说人的绝大多数知识和技能都是通过学校教育而获得的，学生的道德水平也与学校教育密切相关。从我国品德教育的现状来看，大中小学都存在一定的弊端，其中中小学重分数、轻德育，大学重实用、轻德育，高校校园文化建设不到位以及教师的负面行为是影响大学生社会责任感培养的重要因素。

（1）中小学重分数、轻德育，大学重实用、轻德育

多年来，我国各级各类学校一直沿袭着应试教育的模式，尽管素质教育喊了多少年，但一直并未从根本上改变。由于受到千百年来重视学习的传统观念以及高等教育资源相对不足的影响，各中小学都把升学率视为学校生存发展的重要资本。邓小平同志曾经说过："教育要面向现代化、面向世界、面向未来"。但实际上，我国的中小学教育一直在"面向分数、面向中考、面向高考"。因此，中小学重分数、轻德育的现象比较突出，中小学阶段是一个人的人生观、世界观和价值观形成的黄金时间，对学生人格的形成和发展是至关重要的，轻德育会直接影响到学生思想品德的发展，一些学生社会责任感不足与学校的教育理念也是直接相关的。这种情况不仅出现在中小学，大学中也存在重实用、轻德育的教育弊端。大学生作为文化的传播者，他们的素质影响着一个国家文化的发展。而大学作为培养人才的主要场所，其使命是不言而喻的。人才是道德与知识的综合体。只重视知识教育，不注重道德培养是不会培养出真正的人才的。"国家用人，当以德为本、才艺为末"。尽管高校都开设思想政治理论课，但由于各种原因，其效果不尽如人意。对大学生道德素质的提升作用非常有限，这也直接影响到大学生社会责任感的培养。

（2）高校校园文化建设不到位

校园文化是指学校文化存在方式的总和，包括学校的物质文化、精神文化、制度文化和行为文化等，它们之间是相互交叉、相辅相

成、互相影响的。高校校园文化是学校师生员工在教育教学及其实践活动中共同创造出来的。高校校园文化对大学生思想道德素质的培养和提高发挥着重要的作用，具有重要的德育功能。积极向上的高校校园文化对大学生的道德规范、心理素质以及实践能力的培养具有重要的作用。当前我国部分高校的校园文化建设存在着一定的误区，片面强调物质文化建设，在大楼林立的同时，忽视了校园的精神文明建设，忽略了学生精神方面的需求。这对大学生社会责任感的培养造成了不小的影响。很多高校缺乏个性化的发展思路，校训口号千篇一律，不能激发出全体师生对学校的认同感，同样也不能升华为对学校和社会的责任感和使命感。很多高校缺乏对学生责任行为的监管，不能及时对大学生社会责任感的养成起到评价作用，也就不能更好地执行对大学生社会责任感的培养。

（3）教师的负面行为

教师是人类灵魂的工程师，也曾被比喻为蜡烛，燃烧自己，照亮别人。无论什么样的比喻，都是在赞美教师的奉献精神。但是，随着市场化进程以及人们价值理念的改变，教师的奉献精神正在逐渐弱化。各级各类院校的教师普遍存在着重物质轻精神的功利化的思想倾向。在这种思想倾向的影响下，一些教师为了职称评聘会出现学术剽窃或造假的行为，为了增加收入会私下收学生的红包，私自违反规定办班补课，在学生面前出现讲人情、讲排场、重面子等不良行为，有的教师则在课堂上公然宣扬学生只要能管好自己就可以了，不要妄想去改造社会，这些负面行为都会对学生的价值判断产生潜移默化的影响，试想一个没有奉献精神，不关心他人，社会责任感低下的教师会对学生造成多大的影响。如果教师在承担社会责任方面能够身先士卒、率先垂范的话，就会对学生的社会责任感的形成和发展起到良好的榜样作用。因此，教师要在自身的行为方式、对待学生的态度以及对待所教学科的态度上多下工夫，为学生提供良好的榜样作用。

4. 自身因素

外因要通过内因才能起作用。大学生自身的因素对于其社会责任感的形成和发展具有重要影响。自身因素包括很多方面，其中，大学生的社会责任认知、社会责任情感以及社会责任行为对于其社会责任感的培养起着决定性作用。

（1）大学生的社会责任认知

社会责任认知直接决定了社会责任情感和社会责任行为的方向。因此，大学生社会责任认知的提高是社会责任感提高的重要标准。大学生的社会责任认知受到多种因素的影响，其中大学生的自我意识发展水平以及心理的成熟度是一个关键的因素。大学生已经逐渐度过青春期，生理发展已经完成，但心理发展还处于走向成熟而没有完全成熟的阶段，其心理发展过程充满着复杂的冲突和矛盾，从总体上看，大学生的自我意识逐渐成熟和完善。但是，一部分大学生确实存在自我意识发展水平低的情况。表现为存在着严重的自卑心理与盲目的自我膨胀相交织的现象。一方面，他们容易在学习和生活中受到挫折而抱怨和逃避；另一方面，他们往往定位过高，目标脱离实际，进而更加导致严重的挫折和自卑。这些心智发育不成熟的大学生，其对社会责任的认知必然受到严重影响，试想一个对自己的人生和未来都没有自信的人，怎么能拿出多余的精力来关注周围的人和整个社会呢？因此，大学生社会责任认知的培养要从心理健康的角度作为切入点，只有让大学生发展出了健全的人格品质，才能保证其社会责任认知的全面发展和成熟。

（2）大学生的社会责任情感

社会责任情感是连接社会责任认知和社会责任行为的桥梁，是社会责任认知和社会责任行为的内部动力。尽管情感是非理性的，但是其具有强大的内驱力，对认知和行为具有调节作用。因此，社会责任情感在社会责任感的形成和发展中也是非常重要的。一些大学生在成长过程中由于受到周边环境与其自身认知的交互影响，逐渐形成了不良的社会责任情感，例如，经常受到别人欺侮的人会体验到委屈感，经常受到不公正待遇的人会体验到不公平感，经常受他人冷落的人会体验到世态炎凉等，这些不良的情感体验对于社会责任情感的形成和发展有很大的负面影响。因此，对大学生社会责任情感的培养要注重于大学生对周围社会的切身体会和感悟，而形成正确的体会和感悟离不开有意义的社会实践活动。高校思想政治教育工作者要带领大学生多参加义务劳动、爱心奉献等社会实践活动，让大学生在这些助人活动中体验生活、感悟人生，收获快乐与幸福。

（3）大学生的社会责任行为

社会责任行为是衡量一个人社会责任感的外在标准。社会责任认知与社会责任情感只有转化为真实的社会责任行为才能体现出意义和价值。有时候，由认知和情感向行为进行转化是比较艰难的，一旦成功，将是质的飞跃。很多大学生都不缺乏社会责任认知和社会责任情感，他们对具体情境有明确而客观的价值判断，知道自己应该怎样评价和做事，但是，当自己身临具体的情境时，一些学生往往不能按照自己的社会责任认知做事，会因为考虑到其他方面的问题而难以做出相应的社会责任行为。例如，很多大学生都认为见义勇为是值得鼓励和提倡的，也很佩服见义勇为的人，但是自己却很难做到见义勇为。一部分学生对社会上存在的阴暗面、消极面关注得过多，感到人情冷淡，前途渺茫，以为真实的社会就是每个人只为自己利益的社会，看不到人与人之间及人与社会之间的互相依存关系，看不到自己在社会中所处的地位和作用，缺乏承担社会责任的志向和勇气，不能真正做出社会责任行为。

当前，我国的政治、经济和社会发展都处于历史上的最好时期，是中华民族伟大复兴的开始阶段，这种民主法治、公平正义、诚信友爱、安定有序、充满活力、人与自然和谐相处的社会能够促进人的自由全面的发展，这样一个良好的环境为大学生自身的发展提供了前所未有的机遇。当代大学生也应该不断提升自身的整体素质，以高度的社会责任感投身于社会主义现代化建设之中，实现个人与社会的共同发展，为我国社会主义事业的发展，为中国梦的实现做出自己应有的贡献。

第四章 大学生社会责任感培育的问题论

本章本着问题导向,主要根据第三章统计结果,结合有关文献资料,对当代大学生社会责任感存在问题进行了全面深入地分析,并对存在这些问题的原因也进行了全面梳理。

一、大学生社会责任感的问题分析

(一)国家责任感的问题

国家责任感是指个体对其所属国家的一种社会责任感。大学生是未来国家建设的栋梁之才。他们的国家责任感的强弱直接关系到我国社会主义现代化建设的成败以及中国梦的能否实现。以往的研究表明,大学生国家责任感的问题可以归结为国家认同感的问题和国家回报感的问题。

1. 国家认同感的问题

国家认同感是指一个国家的成员对所属国家的主权、政治路线、社会制度、道德价值观念以及历史文化传统等方面的认可和赞同。国家认同感是一种重要的公民意识,是现代国家的合法性基础,它既是一个国家存在的根基,也是公民发展的保障和弘扬爱国主义的前提和基础。国家认同感包含两个层面的意思,一是个体确认自己属于哪一个国家以及对这个国家有归属感和依恋感的心理状态。二是在有他国存在的环境下,个体构建出归属于某个"国家"的"身份感"。国家认同感也是个体社会责任感的基础。大学生对国家是否认同,事关未来中国的改革发展和前途命运。

近年来,国际环境复杂多变,国内社会问题层出不穷,对大学生国家认同意识产生了较强的冲击。许多学者的研究表明,一部分大学生存在国家认同感问题。杜兰晓对浙江省11个地市的30所高校的1200名大学生进行了调查,发现学生的性别、干部经历、政治面貌、就读中学、大学性质、专业性质等因素对其国家认同有明显差异。① 在国家认同的某些方面:男生显著低于女生,群众显著低于共青团员,共青团员显著低于共产党员,民族中学的毕业生显著低于普通中学,普通中学显著低于重点中学,非重点大学的大学生显著低于重点大学的大学生,艺术类学生显著低于人文社科类和理工类学生。从国家认同的调查内容上来看,一部分浙江省大学生暴露出了缺乏对中国特色社会主义的深刻认识,不同程度地存在对马克思主义信仰不够坚定、对改革开放的信心不足、对中国共产党的执政能力信任不强的问题。这说明了一些大学生的确存在对理论自信、道路自信、制度自信这"三大自信"上的不足。具体表现为:对"当代中国的社会主义制度比资本主义制度优越",对"改革开放以来公民的道德素质在逐步提高",对"我信仰马克思主义,因为马克

---

① 杜兰晓:《大学生国家认同研究》,浙江大学2014年博士论文。

思主义是科学正确的理论，指导中国取得了重大成就"等问题的认同度不高。

虽然国家积极采取各种政策措施寻求各民族的共同繁荣与发展，但是由于历史、经济、文化、社会、自然环境等多方面的原因，少数民族地区仍然存在不同程度的发展差距，这直接影响到少数民族成员对国家的认同，更关系到国家的和谐稳定与长远发展。张庆林等对221名西南地区的少数民族大学生进行了民族认同内隐维度的相关调查，发现影响西南地区少数民族大学生对中华民族认同的内隐维度主要有客观身份、自豪感、政治与政策、历史和归属感等。[1] 何峰通过对新疆少数民族大学生国家认同的现状进行调查，发现少数民族大学生的国家认同随着年龄的增长和认知的发展表现得更积极。[2] 对于少数民族大学生的国家认同研究，也暴露出了一些现实问题。刘媛媛以湖南省长沙市某大学的少数民族大学生为研究对象，采用问卷调查和深度访谈的方式收集资料，深入探讨少数民族大学生国家认同的现状及影响因素。[3] 研究发现，个人因素、家庭因素、社区因素、学校因素及国家因素与少数民族大学生的国家认同之间存在相关性。其中对国家认同产生显著性影响的因素有个人因素中的年龄和文化程度，家庭因素中的父亲的文化程度和家庭生活水平，学校因素中的汉族朋友的数量以及国家因素中的国家科技的发展这

---

[1] 张庆林、史慧颖、范丰慧：《西南地区少数民族大学生民族认同内隐度的调查》，载《西南大学学报》（人文社会科学版），2007年第1期。

[2] 何峰：《新疆少数民族大学生国家认同的途径与方法探索》，载《新疆师范大学学报》（哲学社会科学版），2009年第3期。

[3] 刘媛媛：《少数民族大学生的国家认同研究——以Z大学的少数民族大学生为例》，中南大学2012年硕士论文。

六个变量，这些因素均与国家认同存在正相关系。调查中发现仍然有一些少数民族大学生在国家认同和民族认同方面存在一些不满和困惑，这需要引起我们的关注。在国家认同和民族认同方面要全面均衡地发展，如果片面、狭义地强调民族认同就会削减少数民族大学生的国家意识和国家观念，一旦被民族分裂分子利用，会对国家的稳定统一以及民族团结构成威胁；如果过分强调国家认同则会使一些少数民族大学生感觉到被忽略或被歧视，从而伤害民族感情，同样不利于民族团结与国家的稳定。

2. 国家回报感的问题

国家回报感是指一个人在对所属国家所产生的感恩之心的基础上表现出的回报之情，为了祖国的利益能够愿意奉献自身、牺牲自身的崇高精神。哲学家黑格尔认为"国家体现了更高的善，个人的自由只有通过国家才可能实现"。① 国家回报感是公民长期以来对自己祖国的归属感、认同感，也是民族精神的核心和大学生社会责任意识的重要内涵，是国家责任感的集中体现，也是最高境界。

从以往的研究来看，当代一部分大学生的国家回报感存在一些问题。例如，本课题组在对哈尔滨市1922名大学生做的关于社会责任感的调查中显示：对于"天下兴亡，匹夫有责"这个说法，你认为个人有必要承担国家责任吗？有10.9%的学生选择"没有太大的必要，国家责任感可以淡化"，9.2%的学生选择"这是个人的自由，不能强求"，有1.6%的学生选择"完全没有必要"。对于日本右翼势力登上钓鱼岛的行为，你的看法是？有8.9%的学生选择"很正

---

① 王继全、黄兆林：《论当代大学生的社会责任意识教育》，载《浙江理工大学学报》，2006年第3期。

常,没什么大不了的",3.5%的学生选择"完全不知道",1.7%的学生选择"没兴趣,从来不关心"。可见,有一部分大学生的国家回报感非常不强,甚至特别差。

裴婷婷对大学生的社会责任感进行调查,其中对于大学生是否爱国的调查显示,选择"爱不爱国,个人自由,无须强求""国家观念可以淡化""国不爱我,我何爱国"的学生比例一共有近10%。对于"如果祖国遭到外敌入侵,你最注重的是?"有3.7%的学生选择自身的安危,34.9%的学生选择家人的安危,而不是选择国家的安危。① 陈婷等对广州市705名大学生的调查中显示,对"我偶得一幅古代名人的书画,我会卖给博物馆收藏而不是高价卖给他人"这一观点的回答中,就仅有13.6%的回答者选择了"完全符合",而在另外86.4%的回答者中,近一半的回答者选择了"不确定"。② 对"我了解2008年初发生在南方的雪灾并为灾民担心"这一观点,17.7%的回答者表示"不确定",另有10.1%的回答者表示"不太符合"。张帆的调查发现,对"假如国家突然遇到危险或困难,你的选择是什么?"这一问题的回答结果统计可以看出,有超过6%的学生选择"与我无关""无论怎样做,自己都不能吃亏"和"说不清"。③ 这些研究都说明一些大学生缺乏国家回报感。

另外,少数大学生的国家忠诚感的表达缺少深刻地洞察和辨证地思考,盲目排外,对国家忠诚感的认识仅仅停留在感性的浅层次

---

① 裴婷婷:《大学生社会责任感培育研究》,西南大学2007年硕士论文。
② 陈婷、王彬、李书宁:《当代大学生社会责任感调查报告——基于对广州市705名大学生的调查》,载《青年探索》,2008年第6期。
③ 张帆:《当代大学生社会责任感培养研究》,载《辽宁工业大学学报》(社会科学版),2011年第6期。

上。例如，在当今社会，网络具有匿名性和传播快的特点，它已经成为当代大学生表达国家忠诚感的一个重要平台，有关国家忠诚感的话题总能引起大学生们的积极的讨论、大家参与的热情非常强烈。当我国与他国产生一些领土、主权或经济领域的纠纷事件的时候，网络便成为当代大学生网民表达国家忠诚感的重要方式，但也同时成为一些不理智的大学生宣泄不满甚至是极端情绪的重要场所。这种只停留在一时之快的浅薄宣泄，是无法真正体现出国家忠诚感的，因此，从网络上的各类来自大学生的声音来看，国家忠诚感在有些学生那里发生了变质。

（二）社会责任感（狭义）的问题

狭义的社会责任感是指个体对自己所生活的周边环境以及不相识的人应具有的社会责任感。大学生的狭义的社会责任感直接关系到社会的安定团结与和谐发展。本书把狭义的社会责任感的问题分解为：社会热点关注感问题、公共事务参与感问题、公共责任担当感问题三个方面。

1. 社会热点关注感的问题

社会热点是指在特定时空范围内和历史条件下，引起人们广泛关注和讨论的焦点问题，或者是社会某一时期在政治、经济、文化等领域发生的重要事件、重大变化。例如，贫富差距问题、住房问题、食品安全问题等。[①] 社会热点关注感是指一个人对近期发生的社会热点的关注意识。大学生虽然大多数时间都身处校园之内，但他们的思想活跃，信息来源广泛，可以通过网络、报刊、广播等方式

---

① 马颖：《社会热点问题在大学生思想政治教育中的应用探析》，载《滁州学院学报》，2013年第6期。

获取社会热点问题。对于他们来说,"两耳不闻窗外事,一心只读圣贤书"的时代一去不复返,"家事国事天下事,事事关心"的时代早已到来。对社会热点的关注意识能够在一定程度上反映出大学生的社会责任感以及他们其他方面的思想状况。

本课题组在对哈尔滨市 1922 名大学生做的关于社会责任感的调查中的显示:对于近几年河流污染比较严重,你的看法是?有 10.4% 的人认为"河流是公用产品,谁都可以污染",5.5% 的人认为治理污染的责任完全在政府,还有 2.1% 的人选择从来不关心这类问题。说明一部分大学生确实存在社会热点关注感缺乏的表现。另外,尹妍等人在对宿迁学院的学生进行调查中发现,一些大学生对社会热点问题的认识深度和广度欠缺。[①] 对于社会热点问题的关注,有 47.1% 的大学生是无意识的、偶尔看到的,还有 5.2% 的学生是随便浏览一下,其中只知道有该事件发生的占到了 38.8%,详细了解该事件的发展过程只占到了 47.5%,而仅有 13.7% 的学生深入了解并有自己的看法。可见,深入思考分析社会热点问题的同学只占少部分,而大部分同学只停留于知道热点问题的层面上,很少形成自己的独特观点。由此可见,一部分大学生虽然对社会热点问题有热情,却难以对热点问题进行深入思考,更少去把握社会热点问题背后所反映出来的本质,还有相当一部分学生对社会热点问题缺乏关注。

调查中发现,部分大学生关注社会热点的动机也存在一些问题。尹妍等人的调查发现,当代大学生关注这些热点问题的目的是:"娱

[①] 尹妍、李明建、王明娟:《当代大学生对社会热点问题关注度的调查研究——以宿迁学院为例》,载《产业与科技论坛》,2011 年第 15 期。

乐心情"占 26.9%，"丰富课余生活，了解社会动态"占 56.9%，"拓展自身见闻，提高自己看待事物的能力，提升自身修养"占到 51.9%，而"作为一名当代大学生的责任感"仅占 24.8%。当被问及是否愿意为解决社会问题付诸行动时，有 51.9% 的学生表示"很想参加，但经常客观条件不允许，心有余而力不足"。可见，一些大学生尽管关注社会热点，但他们的初衷是有偏差的，并不是从社会责任感的角度出发，更多的是从娱乐自我、发展自我的角度来关注社会热点。

从上述调查研究中可以看出，一些大学生的社会热点关注感亟待加强。作为高校，要对学生大力开展社会热点问题教育，培养学生的社会热点问题关注意识，这既是教育的与时俱进，开拓发展的需要，又是提高大学生分析问题、解决问题能力的需要，同时也是提高思想政治教育实效性的需要。在教育过程中，要用鲜明的观点立场来引导学生分析问题，明辨是非，充分发挥辅导员、"两课"教师的基层教育职能，利用网络等媒体的舆论宣传作用、多组织一些有针对性的活动，特别是多开展社会热点问题的研究性活动，这样才能使大学生的社会热点问题关注意识明显提高。

2. 公共事务参与感的问题

公共事务参与感是大学生社会责任感的重要内涵之一。美国哲学家罗伯特·普特南认为，公共参与"能够通过推动协调的行动来提高社会的效率"[①]。公共事务参与感是指大学生在对社会公共事情关注的基础上，能够身体力行，亲身参与其中的意识。这需要大学

---

① 杨冬雪、李惠斌：《社会资本与社会发展》，社会科学文献出版社 2000 年版。

生具备比较强烈的公平正义感以及广阔的公共视野，这样才能热衷于对公共事务的参与。公共事务参与具有多方面的功能，既能够促进公共事务的妥善解决，同时也能激发当代大学生公共参与的兴趣和热情，这种以活动参与带动学习，既能促进大学生综合素质发展，又能强化大学生的社会责任感。

本课题组在对哈尔滨市1922名大学生做的关于社会责任感的调查中的显示：对于志愿服务或其他社会公益活动等社会实践，你的参与程度是？选择"感兴趣时偶尔参加""同学或好朋友参加时，我才会参加"和"从没参加过，与自己关系不大，没兴趣"的总人数占调查人数的41.6%。这说明有相当一部分学生缺乏公共事务参与感。韩亚丹的调查结果显示，"参与志愿活动或其他志愿活动的情况"，只有9.17%的学生能够实际参加志愿活动，多数学生都选择"有机会愿意参加"。这也说明有些大学生缺乏公共事务参与感，多数学生即便有一定的公共事务参与感，但也缺乏实际行动。

3. 公共责任担当感的问题

公共责任担当感是指大学生在遇到包括危机在内的公共事件时，勇于承担责任，对责任具有担当精神的意识。公共责任担当感包括对所在集体的责任担当感，即：学校集体出现事件时的责任担当意识；对公共生活的责任担当感，即在社会公共场所出现事件时的责任担当意识；对自然环境的责任担当感，即爱护环境、珍惜资源，为人类的可持续发展做出贡献的意识。

本课题组在对哈尔滨市1922名大学生做的关于社会责任感的调查中的显示：对于某大学生为救一位落水的拾粪老人而牺牲了，对此你的观点是？有5.3%的人选择"为救一个拾粪老人而牺牲，那个大学生不值得",2.5%的人选择"太危险,自己不会冒生命危险去救一个素不相识的人"。对于当你在公共场合看到小偷正在行窃时,你会怎么做?5.8%的人选择"装作没看见",2.9%的人选择"赶快躲开,保护好自己"。这说明在一些大学生当中,存在缺乏公共责任担当感的现象。

一部分大学生在社会公共生活领域的公共责任担当感也不容乐观。杜悦的调查显示,"97.74%的大学生自报他们在骑车、驾驶机动车或行走在交通路口遇到红灯有交通警察时'不闯红灯',但在夜间没有警察也无人看见时,这一比例下降到了56.44%。"① 在许海元《当代大学生生命意识现状调查及对策研究》课题组对7所高校1200多名大学生进行的问卷调查和个案访谈中,有73.6%的大学生承认有过污染环境的行为。②

(三) 他人责任感的问题

他人责任感是指个体在与他人的相互交往中对他人应具有的社会责任感。这里面的"他人"特指与个体有交往行为的人。大学生生活在校园集体当中,与老师、同学、朋友密切接触,每个人都有自己的人际交往圈,都通过自身的言行影响着他人,也同时受到他人的影响,他人责任感的强弱直接影响到个体与身边人的人际关系。他人责任感的问题可以从他人关爱感的问题和他人约束感的问题两个方面来表现。

---

① 杜悦:《"道德滑坡"还是"道德爬坡"》,载《中国教育报》,2003年7月17日。
② 许海元:《当代大学生生命责任意识现状及培养对策》,载《道德与文明》,2009年第3期。

1. 他人关爱感的问题

他人关爱感是指大学生对与其交往的人的关爱意识。"关爱"是人与人之间传播正能量的最重要的途径，关爱能够唤起彼此心灵浪花，增进友谊与信任，是对他人负责的前提和基础。但是，有些大学生以孤立的态度对待周围的人，漠视亲情与友情，沉溺于自己的狭小世界中。本课题组在对哈尔滨市1922名大学生做的关于社会责任感的调查中的显示：有相当一部分大学生缺乏他人关爱感。例如，当你的同学遇到困难时，17.0%的人选择"别人请求时再提供帮助"，8.3%的人选择"如果和我关系很好，我才会帮助"。陈婷等对广州市705名大学生的调查中发现，对于"做错了事，我能主动承认错误"的问题，选择"不确定""不太符合"和"很不符合"的学生占总调查人数的40.5%。对于"见到朋友情绪低落，我会主动去劝慰"的问题，选择"不确定""不太符合"和"很不符合"的学生占总调查人数的22.8%。[①] 这说明一部分大学生缺乏他人关爱感。另外，在大学生的实际生活当中也存在以下这些现象：在公寓内，有些大学生只考虑自身利益而不考虑其他室友感受，无视学校的作息时间制度，通宵上网或在夜间大声喧哗、酗酒、打扑克，严重影响他人正常休息；有些同学不注意个人卫生或在公共场合吸烟，污染寝室的空气。

对大学生他人关爱感的培养要从同情、友善、感恩、责任这几个角度切入，同情是关爱的前提，缺乏同情，人与人之间也就缺乏理解，容易发生各种矛盾。因此，如果每一个大学生都充满同情心，

---

① 陈婷、王彬、李书宁：《当代大学生社会责任感调查报告——基于对广州市705名大学生的调查》，载《青年探索》，2008年第6期。

能够向身边人真诚地表达同情，那么人与人之间就能够建立一种可以依赖和帮助的感情沟通。友善是关爱的基础，在人与人交往的众多准则中，友善被认为是与人相处，并达成共识的基石，也是建立和维护良好人际关系的根本出发点。感恩是关爱的关键，只有学会感恩，大学生才会少些抱怨、敌视和对抗，多些宽厚、理解和幸福。责任是关爱的归宿，关爱是以责任为落脚点的，没有责任感的关爱不能称之为关爱，这就需要大学生能够理解他人责任，承担他人责任，并履行他人责任。

2. 他人约束感的问题

他人约束感是指大学生对于身边人所出现的不良行为进行劝告、揭发或制止的意识。他人约束感是他人责任感的高层次体现，尽管具有强烈的他人约束感甚至在实际生活中能够转化为行动的学生不在少数，但是缺乏他人约束感的学生也是大有人在。

本课题组在对哈尔滨市 1922 名大学生做的关于社会责任感的调查中的显示：发现同学违反校规时，19.6% 的人选择"不问不管"。对于严禁考试作弊，严重者可以开除学籍的规定，有 22.6% 的人认为"太严厉，断送学生的前程"。对于在网络或校园 BBS 上发侮辱性言论，有 18.1% 的人认为"正常，这是个人自由"。很多大学生在面对他人违背社会公德的行为时，多数人采取明哲保身，事不关己、高高挂起的态度，没能很好地发挥他人约束感的力量。陈婷等对广州市 705 名大学生的调查中发现，对"上自习时，班上乱哄哄的我会加以制止"这一说法，仅有 3.8% 的回答者表示"完全符合",而76.0%的回答者选择了"不确定""不太符合"或"很不符合"。① 这说明一些大学生更多注重自身的行为是否对自己有直接利益,表明大学生在对社会责任的认识上停留在"不损人"而"利己"的层面,没有达到把意识转化为行动,不会主动参与,不敢对不良行为做斗争,没有达到以社会为己任、主动把制止不良行为作为帮助他人的"有所作为"的层面。

(四)家庭责任感的问题

家庭责任感是指个体具有的在家庭生活中积极履行分内职责和道德义务的社会责任感。它是个体在长期的家庭生活中,通过与父母、长辈以及家庭其他成员发生关系,从而形成的对自己与家庭关系的感性认识。② 家庭责任是大学生应承担的主要责任之一,家庭责任感的养成状况影响着大学生良好道德品质的形成。大学生的家庭责任感的问题主要包括对父母的责任感的问题;对其他亲属的责任感的问题以及对自己以后组建家庭的责任感的问题。

我国自古以来就注重孝道,五千多年的文明历史源远流长。中国的孝道主要表现为孝敬自己的父母,这是子女一种起码的义务和责任,因此,评价大学生的家庭责任感首先应考虑他们对于父母的责任感。对父母的责任感,很多调查结果都显示一些大学生比较缺乏。陈婷调查发现:对"不管物质条件如何,我都会赡养父母"这一说法,有1.3%的回答者选择了"不确定""不太符合"或"很不

---

① 陈婷、王彬、李书宁:《当代大学生社会责任感调查报告—基于对广州市705名大学生的调查》,载《青年探索》,2008年第6期。
② 陈婷、王彬、李书宁:《当代大学生社会责任感调查报告—基于对广州市705名大学生的调查》,载《青年探索》,2008年第6期。

符合"。① 另外，温州晚报的一名记者就"大学生如何看待感恩"这一话题，在大学校园内进行问卷调查，调查显示，"有27%的大学生不知道自己父母的生日；有31%的大学生只知道父母其中一人的生日；81%的大学生称没有给父母过生日。"中国人口宣传教育中心全国青少年健康人格工程课题组对北京地区133名学生进行的一对一的访谈调查结果显示："三成大学生与父母不沟通，有25%的学生与父母出现矛盾才主动沟通。"② 龚宇平对"90后"大学生的调查中显示，"有35%的学生从未在节假日主动问候父母；有近28%的学生认为长大后不一定或不应该承担赡养父母的责任"，认为父母给予自己的一切都是理所当然，是他们应尽的义务和责任。③ 在上海某大学城开展的一项题为"用父母的钱你觉得心安吗？"的调查中，有将近四成的学生表示花钱时就忘了父母赚钱的辛苦，而有超过两成的大学生将父母的培养认定为是一种投资，日后赚了钱，好好回报他们就是了。④

陈婷调查显示，对"如果家庭经济困难，我会选择先工作后考研"这一说法，只有35.4%的回答者表示"完全符合"，而31.7%的回答者选择了"不确定""不太符合"或"很不符合"。⑤ 在张媛对苏州的500名大学生责任意识现状的调查中，在家庭责任意识方

---

① 陈婷、王彬、李书宁：《当代大学生社会责任感调查报告——基于对广州市705名大学生的调查》，载《青年探索》，2008年第6期。
② 张彦：《当代大学生社会责任意识研究》，上海师范大学2010年硕士论文。
③ 龚宇平：《"90后"大学生感恩意识的缺失及培育》，载《学校党建与思想教育》，2009年第10期。
④ 李俊：《思考当代大学生感恩意识缺失》，载《安徽文学》，2008年第6期。
⑤ 陈婷、王彬、李书宁：《当代大学生社会责任感调查报告——基于对广州市705名大学生的调查》，载《青年探索》，2008年第6期。

面,面对"如果家庭存在经济困难,无力承担读研费用,我会放弃读研,选择工作"这一说法,28.2%的同学选择"不确定",10.9%的同学则认为"不太符合"。① 这些调查结果都反映了一部分当代大学生尽管有理想、有抱负,但值得注意的是,对个人利益的不切实际的追求,容易使他们以牺牲的自我责任感呈现明显的情绪化和功利化的倾向。

每个家庭成员之间,都有相互尊重、相互关心、相互依恋、互帮互助的需要。除了对父母的责任感以外,家庭责任感还包括对其他亲属的责任感。调查发现,对老年亲人的责任感,一些大学生也比较缺乏。有学者调查显示:对"我经常过问我的爷爷奶奶、外公或外婆的身体状况"这一说法,选择"完全符合"或"比较符合"的回答者仅占50.7%,说明一部分当代大学生对祖辈的关心明显不足。② 兄弟姐妹也是家庭的重要成员,所以大学生对于家庭的责任理应包括如何对待兄弟姐妹。有的大学生在与兄弟姐妹的相处过程中,因为某些事情发生争执,滋生摩擦,在解决这些摩擦时不会客观公正地处理问题,以自我为中心,最终导致矛盾愈演愈烈,这也是家庭责任感缺失的一种表现。一般矛盾的产生的责任是相互的,作为大学生要主动沟通,主动承担自己的责任,妥善处理好与兄弟姐妹之间的关系。当代大学生既是社会的成员,有责任为和谐社会的建设贡献自己的力量,同时作为家庭成员,也有责任维护家庭和睦,为和谐家庭的建设尽力。

---

① 张媛:《"90后"大学生责任意识现状的问卷分析》,载《吉林省教育学院学报》,2012年第11期。
② 陈婷、王彬、李书宁:《当代大学生社会责任感调查报告——基于对广州市705名大学生的调查》,载《青年探索》,2008年第6期。

大学生的家庭责任感，不仅包括对当前自己家庭的责任感，还包括对大学生以后组建自己家庭的责任感。对于自己以后组建家庭的责任感，调查发现部分大学生也比较缺乏。有调查显示，对"即使我将来的妻或夫经济地位比我低得多，我也一样对她或他好"这一说法，7.7%的回答者表示"不太符合"。说明一部分大学生还处于"婚姻责任豁免期"，大学生存在这种认知状况不利于他们将来对婚姻家庭责任的承担。

（五）自我责任感的问题

自我责任感是指个体依靠个人的能力对自己负责，是对自我价值的一种肯定，是实现自身价值必不可少的品质。[①] 人对自我负责，即是对自己的人生历程负责，其基本的要求就是珍惜生命，并追求有价值的生命。自我责任感主要表现为"自尊、自爱、自律、自强"。很多大学生都具有良好的自我责任感，但一部分学生也存在许多问题。例如，一些大学生言行不一，缺乏为自己的行为负责任的意识，还有一些大学生悲观厌世或愤世嫉俗，对待生活抱着得过且过、自暴自弃的态度等。大学生自我责任感的问题，可以分为生命责任感的问题、学业与职业责任感的问题和行为责任感的问题。

生命责任感是大学生对自己生命负责任的意识。研究发现，一些大学生生命责任感缺乏，不珍惜自己的生命，不重视自身健康，甚至自伤与自杀事件时有发生。在王曾的调查中，"27.34%的学生认为经常通宵上网打游戏、看电影、夜不归宿是个人生活方式的选择，无所谓是否浪费生命、荒度时光，丝毫没有认识到通宵上网等

[①] 王永明、王鹤超：《大学生自我责任感存在问题的原因分析》，载《佳木斯大学社会科学学报》，2013年第10期。

违背了人体生物钟的正常规律,是损害身体健康的行为。"① 许海元的《当代大学生生命意识现状调查及对策研究》课题组的调查显示,"50%以上的女生每周平均不到一次业余体育锻炼,40%的大学生不吃早饭是经常的事,25%左右的大学生处于心理亚健康状态。"② 随着人们物质生活水平的提高,很多大学生不缺少吃穿,但精神世界却极其贫乏,生活中空虚、寂寞的学生大有人在,还有不少大学生缺乏挫折承受能力,因为学习或生活中的一些愿望没有满足或者看似不大的压力就造成了严重的抑郁状态,甚至采取自伤或自杀等极端手段来寻求解脱,这种现象已经屡见不鲜。据来自北京联合大学的调查显示,研究者在北京联合大学、对外经贸大学、北京中医药大学和北京化工大学发放200张问卷来调查大学生关于自杀的看法,居然有26%的大学生曾有过自杀念头。③ 尽管从整个大学生群体的总体上来看,其自杀率并不高,但近年来却有逐年增多的发展趋势。这种漠视生命的行为是部分大学生对自己极不负责任的表现,显示出生命责任感的缺失。

在学业与职业责任感方面,当代大学生也不容乐观。田园对大学生行为规范的调查发现,有43.2%的学生有自己的"短期规划,并且能够努力去实现",有23.7%的学生具有自己的"长远目标却没有付出实质性的行动",有25.2%的同学有"比较长远理想和目

---

① 王曾:《当代大学生生命价值观现状及其原因分析》,载《和田师范专科学校学报》,2009年第2期。

② 许海元:《当代大学生生命责任意识现状及培养对策》,载《道德与文明》,2009年第3期。

③ 贺希荣、罗明星、朱美华:《道德的选择——来自大学生心灵的报告》,人民出版社2006年版。

标，并且能够结合长远目标，合理地制定短期目标，去努力地实现这些目标"，有7.9%的同学是"当一天和尚撞一天钟，在生活、学习上没有为了理想去付出努力"。① 这表明当代大学生在树立学业和职业责任感方面，还迫切需要加强。

在行为责任感方面，很多大学生对自己的行为并不负责，在校园中不时能够看到有的学生不顾自身形象，随地吐痰、乱扔果皮纸屑，或者说脏话，公共场合随意打闹，甚至行为轻浮的表现，这些都是对自我行为不负责任的表现，严重影响当代大学生的自身形象，在未来的自我责任感培养过程中，这些都是需要重点解决的问题。

二、大学生社会责任感的问题原因

（一）社会教育弱化是宏观原因

社会是人生存和发展的外部条件，人不可能脱离社会而存在，同样，也不可能在生存过程中不受社会环境的影响。对于大学生来说，他们从小到大无时无刻不受到社会环境的渲染，来自社会中的各种信息对他们人格的形成和发展都或多或少有一些影响，因此，大学生社会责任感中的问题也脱离不了社会因素的影响。

社会影响中既有主观定向的社会教育的影响，也有盲目非定向的其他因素的影响。一般来说，盲目非定向的其他因素是很难控制的，受到来自全体社会公民共同行为的制约。但主观定向的社会教育在一定程度上是能够很好地把握的。例如，经济环境的影响，大

---

① 田园：《大学生行为规范现状研究——以"90后"大学生为例》，中北大学2014年硕士论文。

众思潮的影响以及文化传媒的影响。笔者认为，大学生社会责任感的相关问题都能从社会教育中找到原因，主观定向的社会教育在大学生的成长中并没有起到比较理想的作用，因此，社会教育弱化是大学生社会责任感出现问题的宏观原因。

1. 国家责任感问题的社会教育原因

对于国家认同感，社会教育对具有特殊身份的大学生的教育是比较薄弱的，例如，对于少数民族大学生、贫困大学生等，这些学生由于出身特殊，所接受的家庭教育和家族的环境影响也比较特殊，在家庭影响很难改变的现实中，就更应该从社会层面加强对他们的国家认同感的教育。在经济方面，要加大对这些学生及其家庭的资助力度，并且想尽一切办法"授之以渔"，提供就业岗位，让他们感受到社会大家庭的温暖，对于社会大众来说，不应该对他们有任何的歧视思想和行为，鼓励他们以与人平等的姿态面对社会生活，在文化传媒方面，通过主流媒体的正面宣传，让他们对自己的国家有正面的认识，从而大幅提升国家认同感。

对于国家回报感，任何公民特别是大学生都有义务回报自己的祖国。这其中的社会教育的作用就更加凸显，从某种意义上说，爱国主义教育在我国还仅仅停留在以党和政府为主导的宣传教育中，缺乏全社会的共同参与，这就必然会导致宣传教育工作很难落到实处。国家回报感孕育在爱国主义教育之中，只有通过全社会的共同努力，不断增加公民特别是大学生群体对国家的热爱，从而产生源源不断的主观幸福感，他们对于国家的回报之心才会迅速提升。

2. 社会责任感（狭义）问题的社会教育原因

对于社会热点关注感，部分大学生存在漠不关心、立场不稳或关注动机有偏差的问题。尽管各种媒体对于社会热点问题的宣传铺天盖地，但一些大学生就是视而不见，听而不闻，缺少关注热情，反而对一些娱乐八卦情有独钟，这就反映出社会教育中对社会热点关注的意义层面的宣传教育以及舆论导向不到位。大学生正处于人生观和价值观形成和发展的关键时期，正确的舆论导向才能够促进对社会热点的正确认知。

对于公共事务参与感，社会上的各种机构对大学生群体提供课外实践活动和志愿服务活动的机会并不多，而且对于这些实践活动的意义和价值的正面宣传较少，这就会导致大学生对社会公共事务的参与感降低，形成学生们即便想去参与也没有机会，没人引领去参与的不良局面。因此，社会各界要积极向大学生群体提供适合他们锻炼成才的活动机会，例如，义务清雪、帮扶解困、为各种大型会议提供服务等，从而提升他们的公共事务参与感。

对于公共责任担当感，包括对身边的社会公共场所、自然环境以及更广泛的社会公共生活领域的责任担当感。大学生对身边以及校外发生的重大变化的责任担当最能够直接反映出其社会责任感的强弱。总的来说，社会各种媒体对这些领域的曝光度还不够，各类人群对于这些事情的关注度仍有欠缺，这些都会对大学生的责任担当产生一些不良影响，如果社会上能够多一些具有责任担当精神的高尚典型的话，这对大学生公共责任担当感的提升是很有帮助的。

3. 他人责任感问题的社会教育原因

对于他人关爱感，社会大环境的影响是非常巨大的，改革开放以来，随着社会经济的迅速发展，人们的思想观念有了巨大的变化，西方功利化生活的思潮对我国公民的影响越来越大，大学生群体也颇受影响。整个社会中的相当一部分人都在生活中一味地追求自身的利益，忽略了对他人的关心、爱护，同时也丧失了很多同情、友善、感恩以及责任。社会层面的关爱教育滞后于经济发展和西方功利思潮的涌入，这就造成了部分大学生他人关爱感缺失的不良后果。针对这种现象，全社会的公民都有责任、有义务为大学生群体树立关爱他人的榜样，用实实在在的行动去感化他们。

对于他人约束感，很多大学生缺乏的一个重要原因就是社会大环境的不良影响。现在社会上有一些人对身边人所经历的事情持有"事不关己、高高挂起"的态度，对他人所犯的错误视而不见、听而不闻，明哲保身、多一事不如少一事，这样的思想会对大学生他人约束感的形成和发展有严重的影响，因此，社会主流媒体要广泛宣传对"他人的不正当行为的约束就是关爱他人"的生活理念，使大学生学会对他人的问题负责，在生活中不仅有约束他人不良行为的意识，也要注意运用科学的方法来指导实践。

4. 家庭责任感问题的社会教育原因

对父母的责任感，很多大学生都非常强烈，但仍然存在一些人缺乏的表现。实际上，中华民族的传统美德从来都不缺乏孝道的教育，但近年来，传统美德教育的影响力在社会上正在下降，特别是对于大学生群体来说，他们更愿意接受新鲜的事物，以孝道为代表的家庭责任并不受到重视，"90后"一代的大学生更多的是独生子女，他们在家庭中往往备受宠爱，这就更需要通过社会大环境的正能量来影响他们、感化他们，需要动员全社会的力量来重新宣扬传统美德,让大学生时刻在孝顺与感恩的大环境中不断地受到正面地熏陶。

对其他亲属的责任感,很多大学生的表现不如对父母的责任感,这与他们成长过程中与亲人间的互动方式和频率有关,但是即便是接触不多的亲属,大学生也应该具有强烈的责任感。随着时代的发展,中华民族传统的家族观念正在逐步淡化,不少家庭亲人之间沟通较少,关系疏远,这样的社会大环境非常不利于大学生培养对其他亲属的责任感。因此,从某种意义上来说,家族观念在中国社会还要继续保持,这样有利于大学生家庭责任感的发展。

对自己以后组建家庭的责任感,一些大学生的回答不尽如人意。家庭是社会的细胞,家庭的和谐会带来社会的和谐与稳定,家庭的和谐离不开具有强烈家庭责任感的人的付出,具备家庭责任感的人的培养同样离不开社会的熏陶,因此,社会大环境对大学生自己以后组建家庭的责任感的培养是非常重要的。当今社会,离婚现象已经屡见不鲜,人们对婚姻的盲目与随意似乎正在向全社会蔓延,这势必会影响大学生对家庭责任的认识。可见,珍惜婚姻生活的社会主流文化是大学生树立良好的家庭责任感的有力保障。

5. 自我责任感问题的社会教育原因

对于生命责任感,一部分大学生表现出明显的缺乏,他们不珍惜自己的生命,不重视身体健康,生活无规律和节制,还有的人在遇到挫折与压力的时候不能够正确地面对,不会调整自己的心态,以至于走向生命的绝路。对于这种现象,社会教育弱化也是原因之一,社会上的一些拥有不良生活习惯的人会对大学生的生活习惯造成影响,并且社会上自残、自杀的现象时有发生,对于这些现象相关部门缺少事后的正面分析与宣传，使得这些现象成为反面教材，误导一些大学生走入歧途。

部分大学生的学业与职业责任感弱化，缺乏对自己学业与职业的全面规划与严格执行。造成这种现象的原因之一就是享乐主义和不思进取的社会思潮的消极影响。社会上确实存在一些人贪图享乐、不求上进，不为自己的未来负责。这种思潮或多或少都会对当代大学生产生不良影响。可见，具有积极进取态度的社会教育理念是必须要树立并向高校广泛宣传的，这对于培养大学生的学业与职业责任感是非常有利的。

一些大学生对于日常生活中自身的行为缺乏自省，这表明他们的行为责任感比较弱。对自己的日常行为负责是行为责任感的外在表现。社会大众与各种媒体在大学生行为责任感的树立上扮演重要角色，特别是一些影视作品中的人物行为对大学生的影响是显而易见的，这就需要文艺作品的创作者们要多从有利于大学生行为责任感培养的角度考虑问题，减少或消除不利于他们成长的作品或片段，使各种社会教育资源能够真正形成合力，从而提升大学生的行为责任感。

（二）家庭教育偏颇是根本原因

家庭是人的第一所学校，父母是人的第一位教师，人的成长离不开家庭的关怀和教育。可以说，家庭对一个人的心理发展起到了至关重要的作用。作为大学生群体，尽管他们相比于同龄人接受了更多的学校教育，但是家庭教育的作用仍然是最重要的。从高校的学生工作经验来看，出现严重心理问题或价值观明显偏离正常的学生，如果深入了解他的成长历史的话，我们会很容易地发现，他的问题有相当原因是源于家庭教育的失败。

同样，社会责任感作为人的一种道德观念，更是受到家庭教育和家庭环境的制约。没有任何一个因素会比家庭对人的影响更大，这是因为人从小就生活在家庭中，幼年和童年期的经历对一个人的心理成长的影响是最大的，家庭是最能够塑造一个人的各种品质的因素。因此，大学生社会责任感问题的最根本的原因就是家庭教育的偏颇。

1. 国家责任感问题的家庭教育原因

调查发现，存在国家认同感问题的大学生其国家认同感的一部分来源于家庭教育的影响，如果父母的国家认同感比较低，对国家的社会意识形态、政策、方针、路线产生抵触，就会在其一言一行上表现出不认同这个国家的现状，有的家长甚至会有意地向孩子灌输这些不良信息，导致大学生在自己很小的时候就受到思想上的影响，并且如果家长的观念一直难以改变的话，这种国家认同感低下的状态会一直持续，对孩子的影响也会越来越大。

同样，只有具备强烈的国家认同感的人才能具有一定的国家回报感，有一些父母存在不思进取和怨天尤人的思想，或者抱怨社会的不公平，这些客观存在的现实都会对大学生的国家回报感产生严重影响。

2. 社会责任感（狭义）问题的家庭教育原因

大学生对于社会热点关注的意识与其父母的生活视阈息息相关。如果一个孩子从小生活在一个只关心自己家里人的家庭之中，两耳不闻窗外事的父母不仅会影响孩子的生活视阈，还会有意无意地把自己的这种生活理念灌输给孩子，这势必会影响到孩子对于社会热点的关注意识。同样，家长把"事不关己、高高挂起"的生活理念教给孩子的话，也会影响他们的公共事务参与意识的形成和发展，有的家长怕孩子在社会上吃亏，在孩子很小的时候就告诉他们"少管闲事"或者"与自己无关的事情不要去做"，使得一些大学生从小就没有担当意识，以至于长大后公共责任担当感缺失，只顾自己，不想别人。

可见，我们必须想办法打破这种不良的家庭教育模式，通过各种途径鼓励全社会的人都能直面社会责任，特别是正在抚养小孩子的成年人，让他们率先树立良好的社会责任感，这对培养下一代的社会责任感是非常重要的，这样就能从根本上解决不良家庭教育对孩子社会责任感的影响，也同时提升了下一代大学生的社会责任感。

3. 他人责任感问题的家庭教育原因

爱是人类最伟大的语言，对他人的关爱既是一种爱的表达，又是一种高尚责任的体现。特别是对于自己身边的非亲属关系的人的无私的关心和爱护更能体现出爱与责任的价值。他人责任感中的关爱和约束是相辅相成的，关爱是目的，约束是手段，约束是关爱的一种体现，关爱是约束的最终落脚点。

大学生的他人关爱感受其家庭的影响非常显著，高校从事心理咨询工作的教师都有这样的感触，大学生的很多行为模式都可以在他们父母的身上找到影子。他人责任感也不例外，如果大学生的父母是助人为乐、善待他人，富有同情心和正义感的人，那么他们的子女也会有强烈的他人关爱感；相反，如果大学生的父母是那种对身边人不负责任，漠视他人的人，那么他们的子女也很有可能缺乏对他人的最起码的关爱和责任。同样，对他人不正当行为的约束也是关爱他人的表现，父母在子女面前的表率作用同样显著。因此，家长的他人关爱感是大学生他人关爱感的基础，从这个意义上说，提升家长的他人关爱感就是在提升大学生的他人关爱感。

4. 家庭责任感问题的家庭教育原因

家庭责任感是社会责任感各个方面中受家庭教育影响最大的一种责任感。父母和其他亲人的言传身教是大学生家庭责任感的重要来源。家庭责任感存在问题的大学生也几乎都会存在父母离异、家庭关系不和、单亲家庭或父母行为严重适当的情况。如果父母在教育孩子的过程中完全采用忽视或专制的方式的话，就会严重影响孩子与父母的关系，直接导致大学生对父母的感情受到伤害，影响他们对父母的责任感。这样的例子在高校出现严重心理问题的学生中屡见不鲜。

我们可以试想一下，如果一个大学生对父母的责任感都缺失的话，那么他对其他亲属的责任感以及对自己以后组建家庭的责任感就可想而知了。他们在父母的身上没有看到为家庭负责任的行为，就无法接受到这样的责任信息，也无法指导他们的生活，这势必会影响未来的婚姻和家庭生活。所以，提升大学生家庭责任感的最根本的手段就是改善他们的家庭教育。

5. 自我责任感问题的家庭教育原因

对自身生命的珍视、对自己学业与职业的重视、为自己的行为负责构成了大学生自我责任感的三个维度。这三方面看似只是大学生自己的事情，实际上与家庭教育息息相关。试想，如果大学生的家长不能够珍爱自己，在生活中不会为自己的理想而努力，也不会为自己的行为负责，那么，这对在这个家庭走出来的大学生来说，就失去了家庭教育对培养自我责任感的重要意义。

一些家长自身的价值理念和行为明显偏离正常,这势必会在生活中的一言一行中给予孩子一定的暗示,尽管他们也希望孩子能够为自己负责,能够勇敢地面对生活,但言传不如身教,以身作则才是真正的教育。因此,家长首先应该树立生命至上的生活理念,为自己的幸福生活而努力,约束好自身的行为习惯,这样才能给孩子树立良好的榜样,从而提升他们的自我责任感。

(三) 学校教育虚化是直接原因

学校是人接受系统教育的重要场所。无论是知识的学习、动作技能的学习,还是社会规范的学习,学校的系统教育都起到举足轻重的作用。大学生社会责任感的形成和发展也离不开学校教育的重要作用。一个学生从小学、中学到大学所接受的思想政治方面的系统教育对他的道德观的形成和发展更是起到了支配性的作用。

学校教育对学生的作用不仅取决于课堂教学,还包括课外活动、教师平时生活中的言行以及校园文化建设等多方面的影响。因此,在研究学校教育对大学生社会责任感问题的影响时,必须站在学校教育的宏观角度,全方位、多角度地进行探索。这样才能从整体上把握学校教育对大学生社会责任感问题的影响,才能真正从根本上找到学校教育的原因所在。

1. 国家责任感问题的学校教育原因

在小学阶段,热爱祖国就是小学生守则中明确规定的,也是小学生们要时刻牢记的。从小学到大学,热爱祖国的道德要求就不断地被印在书上、挂在墙上。对各级各类的学生来说,热爱祖国就被当成了一种不需要教育的教育,因为大家都知道这个道德观念实在是太简单了,几乎不需要去费心思理解。但是,就是这样一个看似简单的道德观念,却有很多人到了大学阶段还是不能从内心深处来认同。笔者认为,造成这种现象的所有原因当中,学校教育的责任是不可推卸的。

无论是国家认同感教育还是国家回馈感教育,学校教育都仅仅停留在要求学生对字面的机械记忆上,在课堂教学中缺少对国家责任感的深层次的理解和分析,让学生理解起来有空洞无物的感觉,也就是说教学内容与学生的生活实际联系不紧密,特别是对于一些少数民族学生和家庭经济困难学生的国家责任感的教育中缺少有针对性的方法,造成学校教育对这一部分学生的效果十分有限,这是在今后的教育教学工作中需要重点解决的问题。

2. 社会责任感(狭义)问题的学校教育原因

多年来,中小学的学校教育把更多的精力都放在了学生学习成绩的提高上,把过多的教育资源都放在了重要科目上,使学生的时间几乎都用在了学习功课上,忽略了对学生进行社会热点的介绍、分析和引导,这对于培养学生的社会热点关注感是没有任何益处的。另外,各级各类学校对于学生的课外生活也不够重视,有组织的让学生参与社会公共事务的课外活动也很少开展,导致一些学生在中小学阶段就出现社会热点关注感、公共事务参与感以及公共责任担当感缺失。

尽管一些高校非常重视学生的社会责任感教育,但对于部分大学生的社会责任感而言,仍然提高不明显。这是因为到了大学阶段,学生的世界观、人生观、价值观都基本成型,只靠理论上的说教而没有情感上的投入以及行动上的实践,社会责任感教育是很难深入人心的,这就需要高校从事学生工作的教师要想尽办法,尽量组织大学生参加对社会有意义的活动，例如，为各种大型活动提供志愿服务或者为孤寡人群提供解困助残服务等公益活动。让大学生在实际行动中体验社会责任的意义和价值，从而提高社会责任感。

3. 他人责任感问题的学校教育原因

各级各类学校的思想政治教育类的课程中对于关爱他人的教育内容比较丰富，但对于对他人不良行为的约束教育却相对不足，这使得一些大学生尽管对身边人存在比较强烈的关爱之心，但对于身边人的不良行为的警告和制止却做得不够，表现为缺乏他人约束感。他人约束感也是他人责任感的一部分，不愿或不敢与身边的不良现象作斗争是当代大学生普遍存在的社会责任感问题。

除了他人约束感在教学内容中偏少的问题之外，一些教师在组织教学的过程中对于这一部分内容往往只停留在理论层面的灌输，缺乏运用生活中鲜活的例子作为教学的有力补充。另外，在考核方式上，仅仅通过学生的笔试成绩来衡量其他人责任感的高低是片面的，他人责任感仅仅是一个人对于他人责任的主观认识，如果这种认识只停留在头脑中，而不运用到实际行动中的话，那么，这种主观认识对于指导生活实践是毫无意义的。因此，在评价学生他人责任感的时候，需要加入学生实际生活中的行动指标，这样才能在知行两方面全面衡量学生的他人责任感。

4. 家庭责任感问题的学校教育原因

尽管家庭责任感的培养主要依靠家庭教育和家庭环境的影响，但家庭美德教育还是各级各类学生思想政治教育类课程的必修内容之一，这体现出了学校教育层面对学生家庭责任感培养的重要作用。笔者认为，家庭是蓄积爱的地方，学生家庭责任感的培养必须以爱的蓄积和释放为本位,而爱的主要成分是情感的支撑,因此,学校应当把情感培养放在家庭责任感培养的首位,书本上的指导仅仅是认知上的灌输,学生更需要在学校中感受大爱,因此,感恩教育的缺失是一些学生家庭责任感缺失的原因之一。

感恩教育要成为各级学校重点开展的教育内容。感恩教育中就要重点培养学生对父母和其他亲人的感恩之心,这种教育要依托于"感恩型校园"的校园文化建设,通过这样的校园文化建设使学生们能够在学校中达到对家庭责任的耳濡目染。其中,课堂讨论、课外活动、宣传教育都可以作为建设"感恩型校园"的重要途径,使学生既要在理性上认识到家庭责任的重要性,又要在情感上感受到家庭责任的重要性,并主动承担起家庭责任。

5. 自我责任感问题的学校教育原因

近些年来,各级各类学校中出现了学生自残、自杀事件,这与学校对学生的生命责任教育缺失有关。人的生命是宝贵的,一个对自己生命都不负责任的学生,我们很难想象他能对社会有强烈的责任感。生命责任教育的缺失意味着整个学校教育体系的不完善。高校中的心理健康教育课的教学内容中涉及了生命教育,但笔者认为生命教育应从小学开始抓起,到了大学阶段才开始教育学生珍爱生命有些为时过晚。

除了生命责任教育缺失的原因以外,学校对于学业与职业责任感和学生自身行为责任感的教育也存在一些问题,具体来说,在教育过程中忽视学生作为学习者的主体地位,教学形式单一,一味地采用简单的理论灌输,这势必会影响学生的学业与职业责任感的发展。另外,教师在生活中的一言一行都会对学生自身的行为产生影响，如果教师不注重自身的行为，也会对学生的不良行为起到推波助澜的作用。

（四）自我教育缺乏是内在原因

外因只有依靠内因才能起作用。大学生社会责任感的种种问题表现，是离不开学生自身的内在原因的。这种内在原因总结为一点就是自我教育缺乏的结果。自我教育是大学生发挥自身的主观能动性，在对外界输入的各种信息进行筛选之后，有选择性的进行理解吸收，并在此基础上，主动寻找外界信息，并利用有用的信息对自己进行教育的过程。德育方面的自我教育是一种伴随着自我鞭策和自我激励的对社会规范的自我学习，类似于自主学习，这是多年来教育界较为推崇的一种新型学习方式。这种学习方式要靠学生有很强的自律性，对新事物具有浓厚的兴趣。一些大学生在社会责任感培养的过程中就明显缺乏自我教育的环节。

1. 国家责任感问题的自我教育原因

我们在高校的学生工作中能够发现，部分大学生的确存在玩世不恭、愤世嫉俗的心态，他们对于国家责任感的认识浅薄，态度不端，认为国家大事离自己太遥远，是政府的事情，与自己无关；在情感上也缺乏国家认同感和国家回报感，对祖国母亲的养育之恩缺乏感情，在行动上也没有任何爱国的表现。这些国家责任感的问题都是他们平时不注重利用有限的时间对自己进行爱国主义教育的结果。

国家责任感差的学生往往需要从内心深处接受社会主流文化，也特别需要被社会主流文化所接受。所有的教育都要作用于学生本人，因此，国家责任感的自我教育是各种教育影响的最终落脚点，自我教育能够使这些学生重新用一个积极的视角来看待国家，在不断地进行自我教育的过程中，就会不断改善这些学生对国家的认识，提升他们的国家责任感。

2. 社会责任感（狭义）问题的自我教育原因

有很多社会热点问题都是与大学生自身的学习生活息息相关的，大学生群体应该具有对社会热点的关注意识。但是，一部分大学生对社会热点问题的关注感缺失，他们认为这些事情与自己无关，离自己比较遥远，只有与自己有关的事情才关注一下，整天生活在自己的狭小的世界里，没有意识到这是一种社会责任感缺失的表现，也不会运用自我教育的力量来提醒自己。

对于公共事务参与感，一些大学生抱着"多一事不如少一事"的生活态度，几乎不参加任何社会公共事务，认为这些都是为别人做事情，没有任何回报，没有意义，这显然也是自我教育缺失的表现，他们在日常生活中没有提醒自己要多为社会多做贡献，没有向自己传递为社会就是为自己的生活理念。对于公共责任担当感，自我教育在其中更是起着重要作用。做一个真正有担当的人是很不容易的，自我激励在其中起着至关重要的作用，一个大学生只有不断地用自身的正能量激励自己，才能有取之不尽、用之不竭的担当精神，才能承担起公共责任。

3. 他人责任感问题的自我教育原因

他人责任感所包含的关爱他人与约束他人都是与大学生的自我教育密切相关的。自我教育的缺乏必然导致他人责任感的缺失。试想，一个从来不进行自我教育、不求上进、不思进取的大学生怎么能够拿出更多的心理能量来投射到别人身上呢？一些大学生对身边同学的疾苦毫不在意，对身边人的不良行为也视而不见，显然，他们没有把外在的社会规范内化为自身的思想意识，缺乏他人责任感的自我教育。

从某种意义上说，对他人责任的自我教育是大学生树立他人责任感的必经之路。当代大学生要不断地教育自己要从生活中一点一滴的事情上关心他人、爱护他人、为他人着想，把自身利益与他人利益、社会利益有机地结合起来，并且敢于同身边的丑恶现象作斗争，敢于约束他人的不良行为。只有在头脑中时刻提醒自己、用新时期大学生社会责任感的要求来教育自己，才能不断地发展自己的他人责任感，才能真正为他人谋福利。

4. 家庭责任感问题的自我教育原因

中国有句俗话叫"师父领进门修行在个人"。对于家庭责任感而言，家庭教育、学校教育以及社会教育的资源最终都会作用在大学生个体身上，这些教育资源能否真正起作用还要看大学生自身的领悟能力与自我教育能力。自己家庭责任感的提高也是道德层面不断"修行"的结果。相反，在家庭责任感低下的大学生身上或多或少都能够找到自我教育缺失的痕迹。对父母的责任感、对其他亲属的责任感以及对自己以后组建家庭的责任感都是大学生应该不断理解和自我教育的重要内容。

大学生要在中华传统家庭美德的荣誉栏上吸取其精华，并与现代家庭观有机结合，逐步形成适应新时期的新型家庭责任观，树立强烈的家庭责任感，努力做到孝顺父母，尊敬亲人，友爱手足，夫妻之间相敬如宾的美好行为。用自己的实际行动向家里人传递家庭正能量。让家庭正能量惠及所有家庭成员，使亲人们感受到家庭的温暖，感受到家庭责任感所带来的巨大力量。

5. 自我责任感问题的自我教育原因

部分大学生存在自我责任感的问题，表现为生命责任感、学业与职业责任感或行为责任感缺失，有的人还因此导致了严重后果。在这些人当中，几乎所有的人都存在自我教育方面的问题，这是因为自我教育本身就是自我责任感的体现，一个大学生失去了自我教育的能力，就意味着他的自我责任感的缺失。因此，自我教育和自我责任感是相辅相成的，擅于自我教育者必然有强烈的自我责任感，有自我责任感的人也会不断地进行自我教育。

在自我教育缺乏的大学生当中，有相当一部分人是由于自我意识发展不够成熟，从而产生了对自己不客观的歪曲认识，导致极度的自卑感，这种自卑感时刻会影响大学生的日常情绪和行为，强烈自卑感会淹没自我责任感，导致一部分大学生产生破罐破摔的想法，做出对自己不负责任的行为。因此，这些大学生必须想办法打破自卑感给自己带来的生活束缚，解放思想，面向未来，用自我教育去提升自我责任感。

第五章　大学生社会责任感培育的模式论

本章在前几章研究的基础上，根据大学生社会责任感存在的问题方面来探究大学生社会责任感培育的理念、目标、原则和对策，为大学生社会责任感培育提供基本模式。

一、大学生社会责任感培育的理念

（一）大学生社会责任感培育理念的内涵

理念是行动的先导。大学生社会责任感培育的理念创新是大学生社会责任感培育实践活动的思想引擎与精神指引。当前，大学生社会责任感培育正面临着复杂多变的新形势，回应现实，跟进时代发展更加迫切，亟须在理论思维和精神原则上率先取得突破。

1. 大学生社会责任感培育理念的"三种理论"

从以往的研究来看，学术界关于大学生社会责任感培育理念基本内涵的理解主要有三种观点。

一是"公理论"。这种观点是从对理论思维进行前提批判的角度把"理念"理解为贯穿思想理论体系的统一性原理、前提性观念，认为大学生社会责任感培育理念揭示了关于大学生社会责任感培育何以可能的前提性承诺的内涵性规定,是大学生社会责任感培育理论体系的逻辑起点,贯穿于大学生社会责任感培育每一行为实践活动和思想观点之中,并以"胚芽"的形式规定了大学生社会责任感培育理论的整体架构。因而大学生社会责任感培育的基本理念其实就是大学生社会责任感培育的公理,主要包括大学生社会责任感培育真善观的主体性确认理念、大学生社会责任感培育需求的客体性确认理念、大学生社会责任感培育匡正的指向性确认理念以及大学生社会责任感培育价值的社会性确认理念。

二是"本质论"。持此观点的学者往往没有对"本质"与"理念"进行严格区分,而是将之理解为同一个问题的两种观念表征,认为大学生社会责任感培育本质和大学生社会责任感培育理念都是对大学生社会责任感培育是什么问题的前提追问和根本回答,对大学生社会责任感培育本质有着怎样的揭示和凝炼,也就体现出怎样的大学生社会责任感培育理念认识。同样人们在何种理念规定意义上理解和把握大学生社会责任感培育,就会在这种规定意义上揭示和表征大学生社会责任感培育的本质,因而研究大学生社会责任感培育本质即是在回答大学生社会责任感培育理念问题,回答大学生社会责任感培育理念也就是要探讨大学生社会责任感培育的根本源起、本质内涵、特殊属性、逻辑规律、功能构成、价值原则等原理问题。

三是"指导思想论"。这种观点把"理念"视作能够指导实践探索的基本观念和思想理论,不再把理念上升到前提批判与本质追问层面,转而强调理念回应问题、指导现实的理论阐释性和应用具体性，在事实上把理念理解为思想理论指导，主张大学生社会责任感培育理念就是贯穿大学生社会责任感培育理论实践始终，发挥着指引和规范作用的具有根本性、主导性、核心性、基本性特质的思想理论。这些能够指引和规范大学生社会责任感培育理论实践的思想理论作为前置的大学生社会责任感培育理念，往往体现为大学生社会责任感培育形成发展中的精神传统、价值追求、理想原则、目标任务等理念内涵，它们是一定时代大学生社会责任感培育的最为总体的思想理论指导。

综上所述，以上研究在逻辑起点上都把"理念"作为起始范畴，区别在于前者从理念的前提批判意蕴引入，中者从理念的本质规定意义展开，后者则从理念的现实指导价值出发，形成了对大学生社会责任感培育理念内涵及其创新构建的不同理解与意见，同时在不同维度和层面上构成着对大学生社会责任感培育理念内涵实质的揭示。马克思曾经指出："一切作为前提和条件的东西，在过程结束时则必然会出现。"在这里，"理念"范畴作为大学生社会责任感培育理念研究的逻辑起点，正是深入展开大学生社会责任感培育理念创新所必须首先厘清的概念。

2. 大学生社会责任感培育理念的内容

理念不是这个时代才兴起的"新名词"，而是在西方哲学传统中就已经得到足够重视的概念。例如，柏拉图的"理念说"，托马斯·阿奎那的"上帝理念"，康德的"理性理念"以及黑格尔的"绝对理念"。随着哲学的发展，理念的意义逐渐上升为哲学最高范畴，也因此获得了以自己为对象理解和把握自己的最高形式。马克思不仅揭露了思辨哲学中理念范畴的唯心主义本质，指出"观念的东西不外是移入人的头脑并在人的头脑中改造过的物质的东西而已",还批判了理念范畴由于被唯心主义者颠倒其与社会生活的真实关系而被混淆为"真正的现实的主体"成为"神秘的理念",以至于现实生活中"没有行动中的主体,而如果应当是抽象、是意志的纯粹理念在行动,那它当然只能神秘地行动"。为了作出区别,马克思更愿意使用"意识""观念""精神"等范畴,这也使得在相当长时间内人们都把理念视为唯心主义哲学的专属标签,认为谈理念就是唯心主义,就是玩弄思辨抽象,从而也导致马克思主义语境中的理念思想被遮蔽起来。直到改革开放后,人们才又在各种层面和意义上使用理念概念,理念一词渐渐热起来。但是尽管在教育学和管理学领域探讨"教育理念""管理理念"的成果已经层出不穷,马克思主义理论研究领域探讨马克思主义理念思想的文章仍不多见,这也成为思想政治教育学科领域研究大学生社会责任感培育理念的成果多在教育哲学理念或具体工作理念层面切入和展开的原因之一。

  理念问题是包括马克思主义哲学在内的全部哲学不能回避与抛弃的基本问题,因为理念问题不仅寄托着人们对思维与存在何为根本、本质何在的终极追问,也反映了人们对自己思维能否认识存在的认识论焦虑,更承载了人们对于自己与社会本质关系及其存在发展何以追求幸福美好的价值审视。正是在此意义上,卡西尔认为,"哲学概念一再表现为一个哲学问题,表现为一个永恒骚动着,然而又必须在思想的持续辩证运动中推陈出新的问题,当两千年前古希腊哲学家认识到这一问题,并以鲜明和尖锐的方式提出它后,我们依然处于这一运动中。"① 显然，理念就是这样的一个哲学概念，同时也是贯穿全部哲学思想运动的哲学问题。在马克思主义语境中，理念是反映人们社会生活存在发展本质规律与深层精神的理性意识，凝练为一种具有根本指向和终极追求、思维规定和前提追问、现实旨趣和价值追寻等深刻内涵的思想观念精髓。理念因此获得实践本体论意义上的终极追寻和本质规定，历史认识论意义上的思维规律和逻辑规定，以及人本价值论意义上的理想原则和价值规定。由这一理念内涵规定出发，可以尝试把大学生社会责任感培育理念基本内涵理解和把握为这样一种观念表述：大学生社会责任感培育理念是由一定时代人们理解和开展大学生社会责任感培育的本质认识、思维范式、现实指向、理想原则等理性精神凝练建构而成的观念总体，这个观念总体是该时期大学生社会责任感培育创新自我理解、深化理论构建、推动实践发展的思想前提和精神规定。

（1）大学生社会责任感培育理念观念化为培育内容的本质表征

观念化是指理性认识的系统化和清晰化。大学生社会责任感培育理念贯穿但又深藏于每个时代的理论实践活动全过程之中，形式上处理为人们思想观念和行为意识的社会责任感培育精神，是内在贯穿、相互联结的理性观念体系和逻辑思维系统。这种形式上的抽象性使得如果不是通过深度挖掘和观念澄清，大学生社会责任感培育理念便难以自觉被理论实践活动所把握和建构，因而不得不诉诸思维抽象和理论格言。大学生社会责任感培育本质是对社会责任感培育"是什么"问题的根本性回答，以其凝练性和根本性来看，它

---

① 杨建波：《卡西尔哲学思想中的"符号"概念辨析》，载《河南理工大学学报》（社会科学版），2015年16卷第3期。

是最接近大学生社会责任感培育理念的观念表征，是最能反映大学生社会责任感培育理念的理论格言。因此，尽管大学生社会责任感培育本质可能不是大学生社会责任感培育理念的完整揭示，但也是大学生社会责任感培育理念的真实揭示，是人们现实理解和把握大学生社会责任感培育理念范畴的具体表征，因而人们会发现一种大学生社会责任感培育本质观其实就是一种社会责任感培育理念论，怎样揭示大学生社会责任感培育本质就表征了对大学生社会责任感培育理念有着怎样的内涵理解和观念把握。

（2）大学生社会责任感培育理念逻辑化为培育研究的思维范式

逻辑化是指大学生社会责任感培育理念的规律化、范式化和方法化。如果说本质表征是大学生社会责任感培育理念的本体论呈现，那么逻辑化为一定时代人们从事大学生社会责任感培育理论研究和实践探索的基本思维范式，就是大学生社会责任感培育理念创新的认识论或者方法论根本要求了。正如没有方法论的世界观无效那样，离开了思维范式的大学生社会责任感培育理念表征也是没有意义的，其并不能建构真正适合的大学生社会责任感培育理念形态。大学生社会责任感培育有自己的特殊研究对象和思维范式，并且这些思维范式在不同社会或不同时代还会同当时面临的整体形势与任务相结合而发展优化，从而保证不同时代大学生社会责任感培育理念总是能够支撑和满足理论研究与实践发展的方法论建构需求。

（3）大学生社会责任感培育理念具体化为培育实践的总体指向

具体化是指大学生社会责任感培育理念从抽象的观念形态现实化为具体的理论形态，是从理论走向现实的关键环节。马克思曾经指出："理论在一个国家实现的程度，总是决定于理论满足这个国家的需要的程度……理论是否会直接成为实践需要呢？光是思想力求成为现实是不够的，现实本身应当力求趋向思想。"大学生社会责任感培育现实运动的整体推进离不开大学生社会责任感培育理念的指引，但是如果后者仅仅停留在抽象的观念形态和逻辑的方法论层面，那么大学生社会责任感培育现实运动同大学生社会责任感培育理念的精神指引就会绝缘，要打通理论融入现实的关键环节，确保现实趋向思想，就要求大学生社会责任感培育理念在形成建构过程中具体化，把自身观念、思维范式和精神规定现实化为一定时代大学生社会责任感培育所要解决的现实问题、所要完成的根本任务、所要实现的奋斗目标。也就是说，大学生社会责任感培育理念要为大学生社会责任感培育现实运动提供总体指向和整体规定。

（4）大学生社会责任感培育理念价值化为培育创新的理想原则

价值化是指大学生社会责任感培育理念不仅要回答大学生社会责任感培育"是什么"的问题，更要关切和明确大学生社会责任感培育现实运动"为了谁"，在更深层次意义上回答大学生社会责任感培育创新发展"应当是什么"等基本问题。尽管当前人们关于社会责任感培育本质的界定不一，但是意识形态性和阶级性是人们对社会责任感培育本质属性的普遍共识。也就是说，社会责任感培育总是为一定的阶级集团所掌握和运用，总是服务于一定的意识形态构筑发展及其传播转化。如果从马克思恩格斯所说统治阶级的思想总是占统治地位这个历史规律出发来进一步分析就会发现，人类社会的社会责任感培育运动史往往如此——有什么的意识形态就会要求有与之相对应的社会责任感培育。这样一来，"为了谁"的问题就成为融合在大学生社会责任感培育理念基本问题域中的根本关切，这种问题关切决定着一定时代社会责任感培育理念实践运动的根本性质和价值旨归，也是任何社会时代社会责任感培育存在发展都必须面临和解决的重大问题。大学生社会责任感培育理念的价值论意蕴就在于，它要在价值追求和价值原则的总体规定性上对一定社会时代的社会责任感培育运动发展的价值坐标和价值选择进行理性分析与核心建构，并将大学生社会责任感培育运动发展的未来追求理想化为价值愿景，从而规定和指引了大学生社会责任感培育未来运动发展的基本性质、价值原则和理想图式。

3. 大学生社会责任感培育理念的特征

大学生社会责任感培育理念要回答一定时代大学生社会责任感培育运动发展的本质表征、思维范式、现实指向和理想原则，这种回答不管如何表述，人们总是需要在澄清大学生社会责任感培育理念中把握这些深刻思考。

（1）思想核心

人类认识把握世界的基本方式是理论思维，不同的认识把握方式获得不同思想，以人们的认识活动和实践活动为内容和中介进行思想而实现对思维与存在统一关系的把握是构成性思想，以人们思想自身为内容和中介反过来审视追问思想前提而实现对思维与存在统一关系的把握是反思性思想。大学生社会责任感培育理论研究当然都是在寻获思想，但是大学生社会责任感培育理念研究所意蕴的思想性同其他思想政治教育理论研究思想性的主要差异在于，大学生社会责任感培育理念研究不仅获得构成性思想，还追问寻获反思性思想，大学生社会责任感培育理念融合着一定时代人们理解和开展大学生社会责任感培育的本质表征、思维范式、现实指向和理想原则等理性思想，这些思想内涵既是这个时代人们理解和开展大学生社会责任感培育理论与实践的构成性思想，也是这个时代人们重新追问和审视大学生社会责任感培育前提问题、创新发展问题的反思性思想。黑格尔认为，"哲学是思想中把握的时代。"马克思认为，"任何真正的哲学都是自己时代精神上的精华。"这些都意指哲学思维方式的深刻性及其叩问把握时代生活的思想现实性。大学生社会责任感培育理念同样是在这种思想方式和思想现实意义上不断追求和探寻一定时代的大学生社会责任感培育实践精神，因而每一个时代的社会责任感培育理念正是这个时代人们理解和把握大学生社会责任感培育运动发展的思想精华，正是它建构了这个时代大学生社会责任感培育理论深化实践发展整体运动的思想核心与精神原则。

（2）价值引领

由于大学生社会责任感培育理念建构了一定时代大学生社会责任感培育整体运动的思想核心与精神原则，从而也就规定了这个时代人们从事大学生社会责任感培育理论实践的基本定位和总体走向。首先，大学生社会责任感培育理念立足现实重新回答了大学生社会责任感培育的本质问题，也就奠基了这个时代大学生社会责任感培育运动发展的思想基石和理论轴心。其次，大学生社会责任感培育理念在思维范式上的反思和创见，往往足以支撑和引领整个时代大学生社会责任感培育理论研究和实践发展的方法论原则。近年来，人们探讨大学生社会责任感培育研究范式的转换正是在大学生社会责任感培育理念思维范式意义上展开的，这种思维范式的转换推进和完成定型是这个时代大学生社会责任感培育理念的建构标志，将会在思想方式、研究范式、实践方略、工作方法以及实施手段等全过程多方面产生规定和引领作用。再次，大学生社会责任感培育理念明确了这个时代大学生社会责任感培育面临的整体环境，认领了这个时代大学生社会责任感培育所要承担的重要使命，谋划了这个时代大学生社会责任感培育运动发展的现实任务，也就指引了这个时代大学生社会责任感培育运动发展的奋斗目标和演进图景。最后，大学生社会责任感培育理念建构了这个时代大学生社会责任感培育理念的基本性质和价值原则，也就规定了大学生社会责任感培育运动发展的价值规范、价值信念和价值理想，引领大学生社会责任感培育理论实践沿着价值路径向着理想原则进发。

（3）时代精神

大学生社会责任感培育理念作为每一时代大学生社会责任感培育理论实践运动发展的思想核心和精神原则，同样会紧跟时代发展发生形态转换，以适应时代变迁及意识形态发展的最新要求，并能在完成意识形态传播转化等主要任务的同时创新自我理解、深化理论研究、完善实践形态。因此人们才会看到每个时代的大学生社会责任感培育理论实践形态都有所差异，隐藏其下发挥着规定和推动作用的正是该时代已然建构或者正在建构的大学生社会责任感培育精神理念。当然，这并不是说理念决定了现实发展，而是说这个时代经济社会发展和思想精神整体状况决定并催生建构了大学生社会责任感培育理念，但其观念内核一经建构就会对现实运动发挥规定和引领作用，成为这个时代大学生社会责任感培育创新发展的基本精神和理性主旨。正是在此意义上，大学生社会责任感培育理念具有时代性和发展性，每一时代的大学生社会责任感培育理念都凝聚着自己时代的突出问题与基本精神。

(4) 相对稳定

大学生社会责任感培育理念的稳定特征主要体现在两个层面上：一方面，在相当长的一段历史时期内，大学生社会责任感培育理念基本形态保持相对稳定。尽管每个时代大学生社会责任感培育理念在基本形态和整体理解上都会有所侧重，都要在回应自己时代的问题与精神中变迁发展，但是如果大学生社会责任感培育理念总在变更，尤其是在经济社会平稳发展的时代环境中频繁转换，就容易失去其对大学生社会责任感培育整体运动的规定和引领意义，也就失去了理念核心的思想意蕴。这不仅是因为现实要求大学生社会责任感培育理念不能总变，而且从社会意识与社会存在的关系来看，思想文化上的变迁往往会跟经济社会发展变迁不同步，并且正是这种不同步使得思想审视得以冷静和从容、严肃而深刻，这在客观上要求大学生社会责任感培育理念要保持相对稳定。另一方面，即使时代发展、社会变迁，但是有些最为根本和前提的大学生社会责任感培育理念因素与认识原则不仅不会变，而且会在新的经济社会发展环境中呈现为新的命题形式和时代使命，但其作为思想精髓和理念基因的地位和作用是不变的。正是如此，才使得大学生社会责任感培育理念形态中一些原初的、根本的、优秀的思想元素和精神记忆保留和承继了下来。

(二) 大学生社会责任感培育理念的意义

1. 强化大学生社会责任感培育理念是实现"中国梦"的客观要求

"中国梦"，是习近平总书记在国家博物馆参观《复兴之路》展览过程中提出的。"中国梦"的具体内容是：每个人都有理想和追求,都有自己的梦想。这个梦想,凝聚了几代中国人的夙愿,体现了中华民族和中国人民的整体利益,是每一个中华儿女共同的期盼。历史告诉我们,每个人的前途命运都与国家和民族的前途命运紧密相连。国家好,民族好,大家才会好。实现中华民族伟大复兴是一项光荣而艰巨的事业,需要一代又一代中国人共同为之努力。到中国共产党成立 100 年时全面建成小康社会的目标,到新中国成立 100 年时建成富强民主文明和谐的社会主义现代化国家的目标,这两个百年目标的实现标志着中华民族伟大复兴梦想的实现。

实现中华民族的伟大复兴,是我们这个时代中国人伟大而神圣的历史使命。然而一个民族的希望,在很大程度上体现在这个民族的青年人特别是当代大学生身上,尤其是他们的社会责任感。只有赢在青年才能赢在未来。当代大学生作为 21 世纪社会主义现代化建设的中坚力量,其社会责任感的强弱对社会的和谐、国家的强盛和社会主义事业的成败有重大影响。加强当代大学生社会责任感,既是时代发展的要求,也是构建和谐社会的要求,同时也是大学生全面发展的要求。

新中国成立以来,社会主义事业之所以能够不断发展进步、充满生机活力,其中一个重要原因就是能够成功地、源源不断地培养造就了一批又一批社会主义事业合格建设者和可靠接班人。时代在召唤年轻人去坚定地履行新的历史使命。大学生是祖国的未来,是民族的继承人,他们将决定祖国的命运。大学生应当义不容辞地挑起振兴祖国科技事业、迎接新技术革命挑战的重担,从而成为祖国振兴的中坚力量。这就要求大学生必须认清形势,努力学习,坚定自己的理念,时刻牢记自己的历史使命,肩负起时代的重任。要完成自己的历史使命，大学生必须具有很强的自觉意识，而社会责任感正是这种自觉意识的体现，是大学生行为导向系统的核心因素，它指导、控制和调节其社会行为。因此，大学生社会责任感的强弱将关系到全面建设小康社会的进程，关系到他们能否或在多大程度上肩负起实现中华民族伟大复兴的使命，推动社会主义事业发展的历史重任。

当代大学生在接受先进的文明知识的同时也会为社会提供优良的精神产品。他们可以通过实践等活动与社会接触，树立个人良好形象。随着市场经济的发展，社会上不良现象的出现，有些人为了个人的私利而损害他人的利益，使人与人之间的关系变得冷漠，这不利于和谐社会的建设。具有高度社会责任感的大学生投入到社会后，不仅关心自身利益，而且也能关注他人和社会的利益，必将促进社会的进步。因此，强化大学生的社会责任感培养具有十分重要的意义。一个国家、民族是否屹立于世界，能否实现民族复兴，实现"中国梦"，关键在于培养对国家、民族有高度责任感的接班人。

大学生社会责任感是实现"中国梦"的客观要求，当代大学生是一群高素质的群体，是实现社会主义现代化建设、实现中华民族伟大复兴的依靠力量。每个大学生如果都能够做到正确地认识自己，树立正确的人生观和价值取向，承担自己对社会的责任，为社会和环境尽责尽力，这样才能达到我们的伟大目标，共同实现"中国梦"。

2. 强化大学生社会责任感培育理念是保障大学生全面发展的内在基础

大学阶段是个体社会化的重要时期，是从不成熟走向成熟、不稳定趋于稳定的过渡时期。培养大学生社会责任感是大学生健康成长的关键。社会责任感具有特殊的引导作用，是大学生做一切事情的首要着眼点。一个具备社会责任感的大学生，能够在集体主义精神的指导下，妥善处理好各种关系，加快自身社会化进程，从而获得全面健康的发展。

（1）大学生社会责任感有利于大学生获得人格完善

强化大学生社会责任感培养是健全大学生人格、提高个人素质的基本要求。人格是心理学的重要概念，塑造健全人格不仅是心理健康教育的重要目的，也是促进大学生全面发展的重要途径。"大学生的健全人格主要包括思想道德要素、科学文化要素、心理要素、身体要素以及其他方面的要素，具体来说包含以下几个方面：较强的创新意识、高尚的人生追求、丰富的人文修养、良好的社会公德、必要的文艺修养和心理保健意识。"[①] 而这其中的几个方面都与责任感直接相关。如较强的创新意识不仅需要良好的专业知识与技术，还需要对社会需求的体察和刻苦钻研的精神与实践；人生追求的高尚与否，区别在于是纯粹为了个人利益还是为了大多数人的利益；良好的社会公德是具备社会责任感的基本体现。由此可见，责任感是健全人格的重要内容之一，塑造大学生健全人格离不开对他们的社会责任感培养。

人格是指人的特质，包括行为模式、倾向性、心理特征和自我意识四个相互联系的方面。[②] 强化大学生社会责任感的培养，有利于当代大学生获得内心成长、人格完善。强烈的责任感意识集中体现

---

① 樊富民：《大学生心理健康教育研究》，清华大学出版社2002年版。
② 常若松：《健康人格论》，辽宁人民出版社2004年版。

在大学生的健康人格上。社会心理学表明，责任感的培养要以人的自我意识为中心，它也是道德行为的源泉。归其根本来说，人之所以有尊严的源头是强烈的社会责任感和正直的人格魅力。大学阶段是步入社会的缓冲阶段，这一阶段树立的良好品格是将来责任意识的延续，也是源泉。进入高校的学生无论是在现实社会中还是在内心深处都拥有了更多的自由，但是他们却不能完全把握自己的人生道路。在这样一种环境下，我们的祖国强调要对大学生进行道德教育的培养，要主动承担责任，做一名优秀合格的大学生，也只有这样，他们才能顺利走向社会。人的本质在其现实性上是一切社会关系的总和。

（2）大学生社会责任感有利于大学生实现个人价值

承担社会责任是当代大学生实现自我价值的要求。社会价值是自我价值的基础，没有社会价值，就不会有真正的自我价值。自我价值的实现只有在实现社会价值中才能得以体现。爱因斯坦曾经说过："人只有献身社会，才能找到那实际上是短暂而有风险的生命的意义。"俄国文学家托尔斯泰也说过："一个人没有热情，他将一事无成，而热情的基点正是责任感。"当代大学生的人生价值很大程度上取决于他对人民群众的尊重程度和服务程度，也即是他在什么程度上适应和满足了人民群众的物质文化生活需要，在什么程度上促进了社会的发展和人类的进步。能最大限度地为祖国和人民贡献自己的青春和热血，需要当代大学生强烈的社会责任感。增强大学生社会责任感是塑造大学生良好形象，融入社会的需要。

人的价值即人对人自身的意义，就在于人能创造价值以满足人自身的需要。人的需要是全面的，既有物质生活的需要，又有精神生活的需要。人的价值是自我价值与社会价值的统一，两者不可分割。自我价值是社会价值的必要前提，社会价值是自我价值的外在体现。在马克思主义者看来，一个人最大的价值，就是以他的实践和理论推动社会向新的阶段的变革，推动历史车轮的前进。要实现人生价值，就要投身社会实践中，每个人主动地承担起社会责任，因为"只有在集体中，个人才能获得全面发展其才能的手段"[①]。当代大学生是朝气蓬勃的一代，他们怀揣着梦想，自信地站在人生的起航线上。追求自我价值的实现，希望将来能凭着自己的才干赢得社会的承认，充分发挥自己的聪明才智干一番事业，是当代大学生中的热门话题。这就要求当代大学生无论在什么地方、在什么岗位上，都应该认真地做好每一件该做的事情，发挥应有的作用，这是实现自我价值最基本的途径。在当前，就是要投身于祖国社会主义现代化建设的伟大实践，在实践中贡献自己的才智，从而使自身的价值得到充分的实现。

在社会生活中，人是主客体的统一，人的价值分为自我价值和社会价值。人应当实现自我的价值，而人是社会的人，人自身意义的体现和实现是离不开人生活于其中的社会的。评价人的价值，就是看人的活动及其结果是否满足社会的需要，即人对社会的意义和奉献。承担社会责任是大学生实现自我价值的必然要求。人只有在奉献社会的时候才能真正体会到生命的意义，而这些的基点是责任感。大学生的人生价值实现取决于他们对他人和社会的满足程度和付出。真正实现人身价值，需要大学生具有强烈的社会责任感。

---

① 《马克思恩格斯全集》第3卷，人民出版社1960年版，第84页。

大学生对社会的适应以及人生价值的实现，都是在自我发展和完善的过程中完成的，而实现人生价值、事业成功和适应社会等都离不开强烈的社会责任感。信念、理想、知识、智慧、勇气、纪律、力量都来自于社会责任感，和社会责任感相连接，并通过履行责任来体现。大学生有了社会责任感，在学习和工作中，无论多大的困难都可以克服。大学生有了社会责任感，在学习和工作中，就会挖掘和发挥自己的潜能，把自己的知识奉献给国家和人民。大学生有了社会责任感，在社会生活中，会自觉地遵守法律，服从各种道德规范。这样，具有了社会责任感的大学生一定会在自身发展和完善过程中实现个人价值。

（3）大学生的全面发展和健康成长离不开强烈的责任感。大学生的成长发展过程是实现人的社会化，由"自然人"走向"社会人"的过程。个体社会化的实质就是要体现一定的社会本质，实现一定社会角色，履行一定社会义务，承担一定社会责任。社会关系不仅赋予了人一定的社会本质，而且赋予了人一定的社会责任。大学生也是生活在一定社会关系中的人，也具有一定社会关系赋予的社会本质和社会责任。大学生的社会责任感，体现了大学生在处理权利与义务、贡献与索取、自我价值与社会价值关系上的自觉与成熟。要通过加强大学生责任教育，促进大学生责任感的社会化，把大学生培养成适应社会主义生产关系本质要求、具有高度社会责任感、符合社会发展需要的合格的社会公民。承担社会责任是当代大学生实现自我价值的要求。社会价值是自我价值的基础，没有社会价值，就不会有真正的自我价值。自我价值只有在实现社会价值中才能得以体现。马克思指出："人跟世界的关系是一种合乎人的本性的关系，那么，你就只能用爱来交换爱，只能用信任来交换信任。"①当代大学生的人生价值取决于他对人民群众的尊重程度和服务程度，也就是他在何种程度上适应和满足了人民群众的物质文化生活需要，在何种程度上促进了社会的发展和人类的进步，为人类的进步事业作出了自己应有的努力。在这个方向上，付出的劳动越多，对社会所做的贡献越多，其价值就越大。能最大限度地为祖国和人民贡献自己的青春和热血，需要当代大学生强烈的社会责任感。大学生社会责任感培育是大学生全面发展的内在需要。有无责任感是大学生是否实现全面发展的重要指标和条件，有了强烈的责任感，则道德有境界，学习有动力，锻炼有意志，审美有品位。缺乏强烈的责任感，则道德无境界，学习无动力，锻炼少意志，审美缺品位，德、智、体、美难以获得真正的全面发展。人的全面发展是一个动态的过程，本质上是人的发展的主体性不断上升、责任意识不断增强、劳动能力不断提高、社会关系不断丰富、综合素质不断提升的过程。培养个体的责任感，能够提升个体的主体性、提高个体的劳动积极性、促进个人社会关系的丰富和综合素质的提高。综合素质是由思想道德品质、职业技能、文化修养和心理素质组成的，其中思想道德素质占主要地位。社会责任感是思想素质水平的重要体现，是衡量综合素质高低的标准。目前我国大学生普遍存在信仰缺失问题，对社会环境没有形成正确的认识，自身定位不明，价值取向模糊。加强对学生的社会责任感培养，有助于培养学生高尚的思想品质，增强学生的使命感，明确自身的责任和义务，学会处理人与人之间、

---

① 《马克思恩格斯选集》第42卷，人民出版社1979年版，第155页。

人与社会之间的关系，使学生自律自强，促进其综合素质的全面提升，最终实现个人价值。

3. 强化大学生社会责任感培育理念是高校思想政治教育的必然选择

（1）培养大学生社会责任感是思想政治教育的基本内容

思想政治教育是培养人、塑造人、提高人的全面素质的工作，而人的素质就其现实性来说，又是由多种要素构成的系统，社会责任感是大学生的首要素质。高校思想政治教育的任务之一就是使大学生树立对他人、对集体、对社会、对国家负责的意识。

"学校，是进行系统道德教育的重要阵地。"① 在提高公民道德水准方面高校教育是其中一个重要的环节，高校教育能更科学的引导学生的社会意向。学校的思想教育的首要任务就是培养学生的社会责任与乐于奉献精神。只有具备了高度社会责任感和愿意奉献自己的人，才会把自己的义务与国家的稳定发展和社会的进步紧密地联系在一起，始终如一地把自己与祖国事业的蓬勃发展跟民族事业的振兴紧密地联系在一起，乐于奉献自己，为社会、为国家、为整个民族做出应尽的贡献。学校是培养人才的摇篮，作为学生在学校里不仅要学好丰富的文化知识，更要学会怎么做人，好好做人，学会怎样利用自己所掌握的知识不仅来实现自我的价值，也能给社会和他人带来好处，从而实现自我的社会价值以及人生价值，体现出自己应尽的义务与责任。社会主义环境下，我们国家大学的基本目标是培养德、智、体、美、劳全面发展的综合的高素质人才，它不

---

① 公民道德建设实施纲要百问百答编写组：《公民道德建设实施纲要百问百答》，中共中央党校出版社2001年版。

仅仅是单纯的知识海洋和高级人才的培养组织，更是成就一个人精神层面高度发展的精神殿堂。大学期间所接受的道德教育对大学生以后步入社会的发展有着至关重要的作用，是对社会现象评判的标尺，也是对自我道德衡量的准绳。作为高校道德教育工程的人生价值观教育，最为关注的，就是受教育人对人生潜能和生命质量等终极意义的认知。中华民族一直都有爱国主义的优良传统。"特别是在今天，科学科技突飞猛进，人才、国际竞争日趋激烈，强调要以本民族的优良传统来引导大学生，帮助他们树立正确的价值观和人生观，自觉地将社会责任和人生价值有机结合，显得尤为重要。"① 然而，随着社会的不断发展，道德也在不断的赋予我们更多的使命。这一期间更应该加强大学生社会责任感的教育，不能只注重文化知识的传授，在传授知识的同时也要培养大学生合理驾驭知识，为社会、为他人做出贡献的良好道德修养。当今有部分大学生忽视了对国家的使命感，对于整个社会的发展，民族的兴衰无动于衷，只关心自我的利益，这种心理是不健康的，所以我们在大学期间加强社会责任的引导成了必然的问题，坚决抵消这种无所谓的态度，逐渐摒弃应试教育带来的只注重文化而忽视德育的弊病。在社会飞速发展的今天，对大学生的素质要求不断提高，大学生社会责任感的培养应成为高校思想政治教育的首要环节。

（2）培养大学生社会责任感是促进大学生思想政治教育的重要途径

培养大学生社会责任感与大学生思想政治教育的目标相一致。

---

① 李尽晖：《当代大学生道德责任教育研究》，陕西师范大学2007年博士论文。

大学生思想政治教育的目标是以理想信念教育为核心，引导和帮助大学生树立正确的世界观、人生观和价值观，培养"有理想""有道德""有纪律""有文化"的"四有"新人，促进人的全面发展，为社会主义现代化建设培养合格的建设者和接班人。社会责任感作为"有理想、有道德、有纪律"的表现形式之一，是"四有"新人所必须具备和实践的重要精神品质，只有大学生自觉实践了"有理想、有道德、有纪律"，形成了社会主义价值观，承担起自己所肩负的责任，才能被称为是"全面发展的人"。

培养大学生社会责任感与大学生思想政治教育的内容相一致。大学生思想政治教育从某一方面来说是以服务人民为核心，以集体利益为原则，以诚实守信为重点，来引导大学生遵纪守法、明礼诚信、团结友善、勤俭自强、敬业奉献。这与大学生对他人的责任、对社会的责任、对国家的责任相一致，"遵纪守法"是每个人的义务，只有遵纪守法个人的权利和利益得到保障，才能促进社会的稳定、经济的发展，从而促进个人的全面提高；"明礼诚信、团结友善"是个人处理与他人和社会关系基本原则，只有人与人之间坦诚相待，人与社会之间和谐共生，国家才会兴旺发达，个人的理想才能实现；"勤俭自强、敬业奉献"是个人处世态度，只有个人承担起责任，才能获得崇高的职业素质与尊严。因此，要把大学生社会责任感的培养作为大学生思想政治教育的重要内容之一，通过培养大学生社会责任感，促进大学生思想政治教育。

培养大学生社会责任感与大学生思想政治教育的特点相一致。思想政治教育就是教育大学生具有正确的世界观、人生观、价值观，这些方面的培养主要是人在后天成长过程中形成，是内因外因共同作用的结果，外因主要是父母的言传身教和社会影响的结果。大学生社会责任感作为一种道德情感，也是在社会生活中，经过后天对社会的认识而逐渐产生的。大学生社会责任感的培养与思想政治教育都属于"后天"教育，因此可以通过后天对大学生社会责任感的培养，促进大学生的思想道德水平的提高，从而促进大学生思想政治教育建设。培养大学生社会责任感与大学生思想政治教育都具有实践性和现实性。都强调知、行统一，理论与实践相结合，两者相辅相成，相互促进。思想政治教育指导大学生在学习有关思想建设和道德建设理论的基础上，注重道德实践，从自我做起，从小事做起，从身边事做起，鼓励大学生为社会奉献，为他人服务，身体力行。大学生社会责任感是责任认识和责任情感的统一，但最终还要以承担责任的实践行动体现出来，有了实践活动，才算是真正承担起自己的社会责任。因此，在大学生思想政治教育中培养大学生的社会责任感，在承担社会责任的实践行动中巩固思想政治教育的成果。

（3）培育大学生社会责任感是思想政治教育现代化的必然要求

高校思想政治教育现代化是不断发展着的社会实践对思想政治教育提出的新要求。思想政治教育的现代化是一个系统的工程，包括理念、目标、内容、方式方法等各个方面的现代化。只有把对大学生社会责任感的培养纳入到高校思想政治教育的目标体系中来，才能实现思想政治教育目标的现代化。首先，大学生的社会责任感是现代责任意识的重要组成部分。我国古代的德育、封建时期的西方宗教教育等都是把塑造臣民作为德育的目标，主要目的是为了维护君主的统治地位，使人民向君主负责，而不是向社会负责、向法律负责。这种目标理念在人们的思想深处至今仍占据着一定的位置。就我国来说,虽然中华人民共和国的成立早已为人们思想上的独立与解放奠定了基础,宪法和法律也赋予了人民当家做主的权利,但是臣民意识却在一部分人的心中根深蒂固。这种落后的思想观念不利于人们积极性、主动性的发挥,因此,现代思想政治教育必须立足于使人们养成现代公民意识,破除陈旧的观念对人们思想的束缚。由此可见,社会责任感是当代大学生责任意识的重要组成部分。其次,培养大学生社会责任感是当今世界各国德育的共同目标。工业革命以来,特别是第二次世界大战之后,人类在科学技术上实现了突飞猛进。但是,这在一定程度上造成了工具理性无限制的膨胀,进而引发了一系列的社会问题,表现为出现了道德滑坡、行为失范、责任感缺失、人生意义的迷惘。因此,各国政府都把培养公民的社会责任感作为德育的一个重要目标。1972年,联合国教科文组织在《学会生存》的报告中就把教育的发展方向确定为使每个人承担起包括道德在内的一切责任。1989年,该组织再次呼吁教育要培养一种道德关怀和道德责任。美国针对当时社会上出现的一系列道德失范问题,开始致力于品格教育的复兴。品格教育重视发挥德育课的作用,把培养公民良好的道德品格作为目标,实际上是一种美国核心价值观的教育。品格教育的代表人托马斯·阿奎纳把"尊重"与"责任"作为普遍道德价值观的核心。旨在培养学生尊重他人,对他人、对社会负责的良好品格。无独有偶,世界上的其他国家,如日本、新加坡、英国等也都把培养社会责任感列入德育的目标。由此可见,培养大学生的社会责任感是当今世界各国德育的一个重要目标。对我国来说,高校思想政治教育要实现现代化必须把培养大学生的社会责任感作为重要任务。

（4）强化大学生社会责任感培育是高校对社会承担的最基本责任

教学生学会负责，是时下社会道德生活状况的迫切呼吁。当今我国公民道德状况中确实存在不少需要正视和努力克服的不良现象。例如，职业道德责任意识缺乏导致的玩忽职守、渎职腐败；社会公正和公共安全在冷漠中屡遭践踏；环境道德责任意识不强或者为了局部和眼前利益而不计后果，肆意进行破坏环境、掠夺式的资源开发；家庭道德责任意识缺乏。科技的飞速发展，给我们带来了高度的物质文明，但是技术也产生了严重的结果。"它已经危害着，并且仍然在破坏着人与环境之间、自然与社会结构之间、人的生理组织与个性之间的平衡状态。应付着许多危险的责任大部分落在教育上面。教育要承担这个新任务，提醒人们去认识这种危险。虽然有许多理由说明由教育承担这个任务是十分合适的，但是人们却时常低估了这一点。"[1] 虽然我们不能指望通过教育解决道德问题来消除一切社会问题，但道德在转化为个人的品德和责任后却可以借助自律有效预防或减少社会问题的加剧。高校作为社会改革与建设的一个重要阵地，作为合格的社会公民的培育基地，责无旁贷。

我国教育正面临着从义务教育向素质教育的转型，这就要求学校不仅仅是传授给学生知识，还应注意其综合素质的全面发展。部分大学生缺乏社会责任感，对他人以及社会的责任意识淡薄，这种现象与我国全面展开素质教育的发展目标背道而驰，因此，高校对

---

[1] 韦钰：《学会生存——教育世界的今天和明天》，教育科学出版社1996年版。

学生进行社会责任感培育，是我国现有发展形势下对教育提出的客观要求，符合素质教育发展的基本理念。大学生正处于树立正确信仰，形成思想政治观念的重要阶段，加强社会责任感培育，有利于促使学生养成良好的思想品质，强化道德观念，培养其崇高的思想信念和强烈的责任感。高校加强对大学生的社会责任感培育，可以促使大学生自主提高思想道德水平，规范自身行为，在自觉提高社会责任感、使命感的同时，认识社会环境，明确自我定位，引导他们形成正确的价值取向，最终树立正确的思想政治观念。

（5）加强大学生社会责任感的培育是大学生道德教育的重要目标

改革开放以来，由于社会环境的深刻变化，大学生群体也不断发生深刻的变化。目前在校大学生这个群体身上有着不同于以往大学生群体的明显特征。总体上看，我国大学生思想政治状况的主流是积极、健康、向上的，但是，也有一部分大学生存在着一些突出的思想问题。有的政治信仰迷茫、理想信念模糊；有的社会责任感不强、团结协作意识较差；有的艰苦奋斗精神不足、心理素质脆弱；有的受到拜金主义、享乐主义、极端个人主义影响较深。大学生时期是人生形成自觉道德意识的重要阶段。引导大学生树立"天下兴亡，匹夫有责"的理想抱负，培育"苟利国家生死以，岂因祸福避趋之"的爱国情操，树立"先天下之忧而忧，后天下之乐而乐"的崇高志向，养成"富贵不能淫，贫贱不能移，威武不能屈"的浩然正气，打开"厚德载物、达济天下"的广阔胸襟，积蕴"舍生取义、见义勇为"的英雄气概，实践"公正无私、戒奢节俭、防微杜渐"等修身之道。我们需要发展大学生适应社会变革需求的主体性，将大学生的社会责任意识的培养作为大学生道德教育的重要目标和主要内容。当今世界正处于大发展、大变革的时代，人类面临各种新挑战。特别是 21 世纪，随着世界人口激增，工农业生产加速发展，城市化的步伐加快，我们迎来了一个大规模消耗自然资源的新时期。于是出现了耕地危机、淡水危机、森林危机、物种危机、生态系统内部失衡，以及生态系统与非生态系统之间的相互关系日益恶化的问题。因此，对人类负责、对自己负责、对未来负责已成为时代对每个现代人的迫切要求，也成为世界各国教育改革关注的重点。英国著名高等教育学家阿什比（Baron Ashby）在《科技发达时代的大学教育》一书中指出："英国大学教育目标的实质是造就有教养的人而不是有学问的人。"在现代社会中，人们的社会责任感随着经济状况和物质生活水平的提高而淡化，精神文明和物质文明的发展不同步。社会责任感作为社会发展的主流意识，也是社会发展的前提，而这种意识的培养必须依靠教育来实现。但是，在我们的教育中往往存在着误区，不少人认为：社会责任感是一个自然形成的过程，经历了大学教育后，走向社会的大学生自然而然就会有社会责任感，或通过再教育，唤起他的责任感也不迟。这就把有形的、可考查的知识教育与无形的、没有具体考查标准的德育，特别是社会责任感做了不同的处理，似乎社会责任感的培养成了某阶段才需要的必修课，造成了德育工作的深层次断层。同时随着科学教育、技术教育、专业教育的地位愈来愈突出，我们往往强调学生的任务是学习，要求学生不要关心那些与自己无关的事情，自觉不自觉地推行了"两耳不闻窗外事，一心只读圣贤书"的观念。还有一些学校和教师，怕学生受到不良思想的影响，沾染上各种不良习气，把学生与社会进行了人为的分割，更不要说社会责任感的培养了。在这种思想、行为的引导下，部分大学生缺乏对社会的认识，更缺乏社会责任感。其表现为：一是冷漠，对社会、公益事业没有热情，置社会的发展于不顾；二是自私，一切以自己的利益为出发点，为了自己的利益可以置他人、集体的利益于不顾；三是不适应，面对社会的负面，茫然不知所措；四是攻击社会，既然社会发展与我无关，而社会又有众多对我不利之处，于是产生不满怨恨情绪，敌视一切。这种观念与做法，与我们的教育目标格格不入。因此，加强大学生社会责任感的培养，是当前对教育改革提出的新的更高的要求。

二、大学生社会责任感培育的目标

大学生社会责任感培育的目标是一定时期内实施社会责任感培育实践所要达到的预期结果。大学生社会责任感培育目标不是单一的，而是集合的，是一个目标系统，具有内在的结构。大学生社会责任感培育目标及其结构既是大学生社会责任感培育主体、客体、介体、环体诸要素相互作用的产物，又对大学生社会责任感培育内容的实施起着制约和指导作用。因此，必须深入分析和研究大学生社会责任感培育的目标结构。

（一）大学生社会责任感培育目标确立的依据

大学生社会责任感培育目标作为一定社会责任感培育活动所要达到的预期结果，其形式是主观的，而内容却是客观的。它虽然由大学生社会责任感培育者所制定，体现着教育者的主观愿望和要求，但实质上反映了教育对象和社会发展的客观需要。因此，适应和满足教育对象和社会发展的双重需要，是确立大学生社会责任感培育目标的客观依据。

1. 适应社会发展需要

大学生社会责任感培育是社会实践活动的重要组成部分。它既是社会发展的产物，又是社会进一步发展的条件。适应和满足一定的社会发展需要，是制定和确立一定的大学生社会责任感培育目标的根本依据。任何社会发展，都是社会基本矛盾运动的结果。生产力是社会发展的最终决定因素。生产力的发展，决定和推动着生产关系和上层建筑的变化与发展，推动着整个社会的变化与发展。大学生社会责任感培育适应和满足一定的社会发展需要，不仅是要适应社会上层建筑和经济基础变化、发展的需要，最根本的，是要适应社会生产力发展的需要。社会发展需要最根本的体现为生产力发展的需要。大学生社会责任感培育为一定社会的上层建筑和经济基础服务，最终是为一定社会生产力的发展服务。生产力和生产关系发展的现实状况和客观需要，对大学生社会责任感培育目标的制定和实施起着决定性的影响。

中国共产党依据马克思主义唯物史观的基本原理，结合我国的实际情况，提出了不同历史时期的奋斗目标和任务，集中体现了我国社会发展的需要。新民主主义革命时期，党提出的经过无产阶级领导的以工农联盟为基础的人民大众的反对帝国主义封建主义和官僚资本主义的革命，建立新民主主义国家的奋斗目标，集中体现了我国近代社会发展的根本需要。党在1952年提出的过渡时期的总路线，即在一个相当长的时期内，逐步实现国家的社会主义工业化，并逐步实现国家对农业、对手工业和对资本主义工商业的社会主义改造，则集中体现了从新民主主义社会向社会主义社会发展的需要。党的十一届三中全会以来，我国进入了一个新的历史时期，党中央提出了以"一个中心，两个基本点"，即坚持以经济建设为中心，坚持四项基本原则，坚持改革开放为核心内容的建设有中国特色社会主义的基本路线，确定了把我国建设成为富强、民主、文明的社会主义现代化国家的奋斗目标，这集中体现了社会主义初级阶段我国社会发展的根本需要。党的最高纲领和最终目标是实现共产主义社会，它反映了社会发展的客观趋势和长远需要。党在不同历史时期提出的奋斗目标和中心任务，反映了社会发展不同阶段的根本需要，为我们制定不同时期的大学生社会责任感培育目标提供了根本依据。大学生社会责任感培育在制定工作目标时，既要立足现实，从实际出发，又要面向未来，超越现实，适应社会未来发展的需要。大学生社会责任感培育目标作为党和国家总的奋斗目标的重要组成部分，只有始终服从和服务于党和国家的总的奋斗目标和根本任务，才能得以科学的制定和有效的实施。

2. 适应人的发展需要

大学生社会责任感培育不仅要促进社会发展，而且要促进人的发展。因此，大学生社会责任感培育既要适应社会发展需要，又要适应人的发展需要。适应和满足人的发展需要，是确定大学生社会责任感培育目标的又一重要依据。人的本质是一切社会关系的总和。人的发展是在一定社会条件下从自然人向社会人转变和发展的过程，是逐步增强社会性，形成、发展和完善人的社会本质，成长为合格的社会成员的过程。因此，人的发展不仅包括体力和智力的发展，而且包含社会化所必需的思想道德品质的发展。人的发展是德、智、体、美、劳全面发展的过程。大学生社会责任感培育适应和满足人的发展需要，不仅要适应人的智力、体力的发展需要，更重要的是要适应和满足人的社会责任感发展的需要。因此，适应人的全面发展，尤其是适应人的社会责任感的发展需要，是制定大学生社会责任感培育目标的重要依据。

在人的成长和发展过程中，社会责任感的发展呈现出一定的规律性。人的社会责任感的发展与人的认知能力的发展具有相关性，人的社会责任感的发展是一个内化与外化相统一的过程。大学生社会责任感培育主体在确定社会责任感培育目标时，既要考虑受教育者社会责任感发展的现实状况，又要考虑受教育者社会责任感发展的未来需要。受教育者社会责任感发展的未来需要，就是形成与社会未来发展相适应的社会责任感。不同社会对人的社会责任感发展乃至人的全面发展有不同的要求，这种要求集中体现在人的培养目标上。我国处于社会主义初级阶段，对人的全面发展的要求是，培养适应社会主义现代化建设需要的有理想、有道德、有文化、有纪律的德才兼备、全面发展的社会主义新人。因此，大学生社会责任感培育要遵循社会责任感形成发展的规律，依据受教育者社会责任感发展的需要和社会对人的培养目标的要求，科学制定社会责任感培育目标，促进人的全面发展。

（二）大学生社会责任感培育目标层次结构

大学生社会责任感培育目标具有不同的层次，不同层次的目标形成了一定的关系及其结构，即目标层次结构。大学生社会责任感培育目标的基本层次是个体目标与社会目标。不仅个体目标与社会目标具有一定的层次结构关系，个体目标与社会目标各自又包含有不同的层次及其结构。因此，分析大学生社会责任感培育目标结构，需要从分析大学生社会责任感培育目标的层次结构入手。

1. 个体目标

大学生社会责任感培养的个体目标是从大学生个体的层面上所确立的目标。大学生作为一个个活生生的个体，他们的思想意识当中既具有共性的成分，又具有个性的一面。从个性中抽取出共性的元素就成为大学生社会责任感培养的个体目标。如果从一个人的心理过程来分析的话，这个个体目标可以分为认知目标、情感目标和行为目标。

大学生社会责任感培养的认知目标就是让大学生从理性层面上理解并认同社会责任感的重要性，培养与社会责任有关的思想意识，形成符合当前社会所要求的社会责任认识，这个认知能够对个体的社会责任情感产生积极的影响，并且能够指导个体做出符合社会责任认知的社会责任行为。社会责任认知与大学生个体的自我意识有密切的关系。一般来说，有良好自我意识的个体在经过培养之后容易达到这个认知目标；相反，具有不良自我意识的个体在培养过程中要想达到这个目标就要付出更加艰苦的努力。

大学生社会责任感培养的情感目标是在认知目标的基础上所衍生出的情感体验。也就是说，在从理性层面上理解并认同社会责任感的重要性的基础上，出现与之相匹配的内心感受，从内心深处特别愿意为了社会的发展而付出自己的全部，感受到自身的存在与社会的发展是息息相关的，即：在形成符合当前社会所要求的社会责任认识的基础上，出现强烈的社会责任情感体验。

大学生社会责任感培养的行为目标是在认知目标和情感目标的基础上，大学生个体将社会责任认知和情感所积聚的社会责任能量外化为社会责任行为，即：真正做出符合社会规范的对国家、社会、他人、家庭和自身有意义的行动。因此，大学生社会责任感培养的行为目标是整个大学生社会责任感培养目标的落脚点和最终归宿，也是培养目标是否实现的重要检验标准。

这三个子目标的关系是：认知目标是情感目标和行为目标的统帅，支配着情感目标与行为目标的实现；情感目标是认知目标与行为目标的中介，在二者之间起到调节的作用，情感目标对行为目标起到激励和推动作用；行为目标既是认知目标和情感目标的外化，又是二者是否实现的衡量标准。

2. 社会目标

社会目标是大学生社会责任感培养的社会宏观层面所要达到的目标。大学生社会责任感的培养不仅要促进大学生社会责任意识的提高和人的全面发展，具有个体目标；更要促进社会的进步与全面发展，具有社会目标。社会目标是比个体目标层次更高的目标。一个社会的发展主要表现为经济发展、政治发展和文化发展，因此，社会目标可以分解为经济目标、政治目标和文化目标，三者是相互联系，相互影响的。

总的来说，大学生社会责任感培养的经济目标是促进社会生产力的发展。生产力发展的一个重要因素就是人，具体来说就是人才因素。从这个意义上讲，人才的素质起到了决定性的作用，社会责任感是人才的基本素质之一，通过教育培养，使大学生的社会责任感显著提高，从客观上起到了调动人才工作积极性、主动性和创造性的作用，直接促进生产力的发展。在当前社会主义初级阶段，我国大学生社会责任感培养的经济目标就是要促进社会主义市场经济体制的建立，促进经济的全面、协调、可持续发展。

社会的发展除了要有一定的经济基础以外，还离不开上层建筑的作用。大学生社会责任感培养的政治目标就是要维护社会主义制度和国家的安定团结，促进我国政治生活的发展与进步，为政治体制改革铺路搭桥。社会责任感教育本身就是为了提升大学生的思想政治水平，从客观上起到加强大学生政治理论、政治理想与政治信念的作用。如果全体大学生都能具有强烈的社会责任感，那么这对于促进社会政治任务的完成和共同政治目标的实现是大有帮助的。

文化软实力是一个国家综合国力的重要体现。大学生社会责任感培养的文化目标就是要促进社会主义文化的全面发展，建设与社会经济和政治发展相适应的社会主义精神文明，提高全民族的思想道德素质和科学文化素质。大学生社会责任感的培养有助于爱国主义、集体主义和社会主义教育的实现，能够增强社会凝聚力，营造良好的社会文化环境，巩固社会主义主流意识形态在全社会的地位。

在大学生社会责任感培育的社会目标中，政治目标居于核心和主导地位。政治是经济的集中表现。政治目标是在经济目标的基础上形成的，但它又高于经济目标。政治目标代表了一定社会阶级、阶层、集团的根本的经济利益，实现政治目标是实现经济目标的根本保证。政治目标还决定着文化目标的性质和内容。经济目标是政治目标和文化目标的基础，没有一定的经济目标就不可能产生一定的政治目标、文化目标。文化目标受到经济目标、政治目标的制约，实现文化目标又是实现大学生社会责任感培育经济目标、政治目标的必要条件。因此，大学生社会责任感培育的社会经济目标、政治目标与文化目标构成了一定的层次结构关系。

（三）大学生社会责任感培育目标发展结构

大学生社会责任感培育目标从空间上看，具有多维性与层次性。从时间上看，则具有顺序性与阶段性。不同发展阶段的大学生社会责任感培育目标，具有内在的联系及其联结方式，形成了大学生社会责任感培育目标的发展结构。大学生社会责任感培育目标从时间维度和发展阶段上划分，可以分为远期目标、中期目标和近期目标。

1. 远期目标

远期目标又称长远目标，是经过相当长时间的持续努力才能实现的大学生社会责任感培育目标。大学生社会责任感培育的长远目标反映了社会发展的客观趋势和长远需要，贯穿于大学生社会责任感培育的全过程，是大学生社会责任感培育最终要达到的预期结果。大学生社会责任感培育的长远目标指明了社会责任感培育长期奋斗的方向和前景，具有根本性、全局性和战略性，因而又是大学生社会责任感培育的战略目标，对社会责任感培育和人们的思想行为有着重要的战略指导作用。从我们党的大学生社会责任感培育实践来看，长远目标就是要实现共产主义的远大理想。共产主义是人类社会发展的最高阶段，共产主义理想是人类社会最崇高的理想。无产阶级大学生社会责任感培育的长远目标，就是要使大学生牢固树立共产主义远大理想并努力实现这一理想。个体的大学生社会责任感培育也具有长远目标。对于个人来说，大学生社会责任感培育的长远目标就是引导受教育者树立远大志向，把个人理想融入社会的远大理想，实现个人一生的发展目标，使受教育者成长为高度社会化的、具有社会所需要的德才兼备的素质,能够对社会有所贡献的人。大学生社会责任感培育的长远目标对社会和个人的思想道德建设有长期重要的导向和推动作用。

2. 中期目标

中期目标是经过较长时间的艰苦努力才能实现的大学生社会责任感培育目标。大学生社会责任感培育的中期目标反映了社会发展的中期趋势和需要,贯穿于大学生社会责任感培育从开始阶段到中间阶段的发展过程,是大学生社会责任感培育中间发展阶段所要达到的预期结果。大学生社会责任感培育的中期目标指明了大学生社会责任感培育的中期奋斗前景,具有阶段性、局部性和过渡性,是大学生社会责任感培育的战役目标,对社会责任感培育和人们的思想、行为有着重要的指导作用。从我党的大学生社会责任感培育实践来看,相对于共产主义的远大理想来说,建设中国特色的社会主义,把我国建设成社会主义现代化国家,是社会主义初级阶段我国人民的共同理想,也是大学生社会责任感培育的中期目标。具体来说,就是至 21 世纪中叶,经过几十年的奋斗,基本实现现代化,使我国的经济社会发展水平,接近世界发达国家。实现共同理想这一中期目标,对今后几十年我国大学生社会责任感培育和人们的思想行为有着重要的影响。从个体的大学生社会责任感培育来看,也有社会责任感培育的中期目标。就个人而言,大学生社会责任感培育的中期目标就是提高受教育者的社会责任感,促进受教育者的迅速成长,实现受教育者人生发展中间阶段的目标。如果把人的一生划分为少年阶段、青年阶段和成年阶段的话,少年阶段主要是成长阶段,青年阶段主要是成才阶段,成年阶段主要是成就事业阶段。从人的一生来看，个体大学生社会责任感培育的中期目标就是引导受教育者在人生发展的青年阶段成长为德、智、体全面发展的合格人才。

3. 近期目标

近期目标是大学生社会责任感培育在较短时间内能够实现的目标。大学生社会责任感培育近期目标反映了社会和个人发展的现实需要，是大学生社会责任感培育当前要达到的预期结果，具有现实性、具体性、可操作性，是大学生社会责任感培育的战术目标，对社会责任感培育和人们思想行为的发展有现实的指导作用。从大学生的社会责任感培育来看，近期目标就是要引导大学生正确认识和处理改革开放和社会主义现代化建设中的各种现实问题，如国企攻坚、机构改革、改变城乡二元结构，等等，活血化瘀，理顺情绪，振奋精神，为改革开放和社会主义现代化建设提供强大的精神动力。从个体大学生社会责任感培育来看，近期目标就是要解决受教育者面临的种种思想困惑，比如在大学阶段引导大学生正确认识和处理成才与做人、治学与恋爱等关系，促进大学生全面发展和健康成长。

三、大学生社会责任感培育的原则

(一) 坚持个体目标与社会目标相统一的目标原则

前文提到大学生社会责任感的培育目标是在一定时间内对大学生群体实施社会责任感教育活动所要达到的预期效果。这个预期效果不是单一的，而是复合成为一个目标系统。在这个目标系统中，各个子目标具有明确的依存关系，共同构成大学生社会责任感培育的总目标。如果用最简单的话来描述这个总目标就是：通过系统的教育培养，使所有大学生的社会责任感都符合社会所要求的高度。既然总目标已经确定，那么所有子目标都要必须符合总目标的要求，不能违背总目标的原则。大学生社会责任感培育目标的确立，表面上看是教育者所指定的，体现着教育者的主观愿望，但实际上，这个目标既反映了大学生群体的主观需求，又反映了社会发展的客观需要。大学生社会责任感的培育在制定目标时，既要从大学生的实际情况出发，又要超越实际，面向未来适应社会发展的需要，并且符合党和国家的总的发展目标。可见，大学生社会责任感的培育目标是满足大学生群体和社会发展的双重需要的产物。这就需要在大学生社会责任感培育过程中要坚持个体目标与社会目标相统一的目标原则。大学生社会责任感培育社会目标与个体目标是两个不同层次的目标，但又具有内在的联系。

1. 个体目标与社会目标的统一

大学生社会责任感培育社会目标是大学生社会责任感培育中带有全局性、普遍性、根本性的目标，是比个体目标更高层次的目标。它对个体目标起着主导、支配作用。首先，社会目标决定着大学生社会责任感培育个体目标的形成。大学生社会责任感培育个体目标是社会目标的具体化。或者说，个体目标是由社会目标转化而来的。有了提高整个民族社会责任感的整体目标，才有提高教育对象个人社会责任感的个体目标。其次，社会目标决定着个体目标的性质。大学生社会责任感培育的社会目标体现了一定社会大学生社会责任感培育的根本性质，因而也决定着大学生社会责任感培育个体目标的性质。有什么样的社会目标就有什么样的个体目标。最后，社会目标决定着个体目标的实现。大学生社会责任感培育个体目标只有符合社会目标的性质与要求，与社会目标相一致，才有可能获得强大的社会支持与社会动力，逐步得到实现。

大学生社会责任感培育个体目标是大学生社会责任感培育中具有个别性、特殊性、具体性的目标，是低于社会目标层次的目标。大学生社会责任感培育个体目标是社会目标的基础。首先，个体目标是社会目标的来源。社会目标是个体目标的升华，社会目标只有来源于个体目标才能高于个体目标，并对个体目标的形成起普遍指导作用；其次，个体目标是实现社会目标的基础。社会的经济发展、政治发展、文化发展都是以人的全面发展为前提的，只有提高受教育者个体以社会责任感为核心的综合素质，促进每个人的全面发展，才能提高整个民族的思想道德素质和科技文化素质，促进社会的经济发展、政治发展、文化发展，全面实现社会责任感培育的社会目标。

因此，只有把大学生社会责任感培育社会目标与个体目标结合起来，相互促进，才能使大学生社会责任感培育不同层次的目标得到实现。

2. 近期目标、中期目标与远期目标的统一

近期目标是中期目标与远期目标的基础。大学生社会责任感培育近期目标是大学生社会责任感培育发展过程中起始阶段的目标，是大学生社会责任感培育目标发展链条的首要环节。只有形成了大学生社会责任感培育近期目标，才有可能在此基础上发展和形成大学生社会责任感培育中期、远期目标。只有实现了大学生社会责任感培育的近期目标，才能积累经验、增强信心、创造条件，有力推

动大学生社会责任感培育中期、远期目标的实现。

大学生社会责任感培育中期目标是连接近期目标和远期目标的纽带与桥梁。对于近期目标与远期目标来说，大学生社会责任感培育中期目标起着承先启后的作用。大学生社会责任感培育中期目标是大学生社会责任感培育发展过程中间阶段的目标。它对大学生社会责任感培育近期目标的制定和实施起着指导与制约作用，对大学生社会责任感培育远期目标的实现起着铺垫作用。大学生社会责任感培育中期目标既是大学生社会责任感培育近期目标发展的必然结果，又是大学生社会责任感培育远期目标实现的必要准备和必经阶段。

大学生社会责任感培育远期目标是近期目标与中期目标的指南。大学生社会责任感培育远期目标是大学生社会责任感培育根本的、长远的、最高的目标，它贯穿在大学生社会责任感培育的全过程，体现了一定社会阶级、阶层和集团的根本利益和大学生社会责任感培育的本质要求，反映了社会发展的客观规律和大学生社会责任感培育的总趋势，从根本上规定了大学生社会责任感培育近期目标与中期目标的性质和方向。大学生社会责任感培育近期目标与中期目标的制定和实施始终受到远期目标的支配和制约。

大学生社会责任感培育远期目标、中期目标、近期目标的关系，就是战略目标、战役目标和战术目标的关系。大学生社会责任感培育战略目标决定着战役目标与战术目标，大学生社会责任感培育战役目标与战术目标服从、服务于大学生社会责任感培育的战略目标，三者之间相互联系、相互作用，形成了依次递进的发展结构关系。

（二）坚持传递过程与接受过程相符合的过程原则

大学生社会责任感培养的过程是教育者根据一定社会的社会责任感的要求和大学生社会责任感形成发展规律，对大学生施加有目的、有计划、有组织的教育影响，使大学生个体产生内在的思想转化，并形成社会所需要的强烈的社会责任感的过程。这个过程的实质就是把一定社会的社会责任规范转化为大学生个体的社会责任感，并外化为社会责任行为。

大学生社会责任感的培养过程是教育者和大学生共同参与、相互作用的过程。无论离开了哪个方面，教育过程都不能成为完整的过程，以往的研究主要集中在对教育者的探索上，这是正确的，以后还要继续坚持；但是，如果仅仅研究教育者，忽略了大学生自身的客观特点和主观能动性，就会使研究视域发生偏颇，不利于大学生社会责任感培养目标的实现。因此，要把大学生和教育者放在同等重要的位置来研究，也就是说，教育者的组织、引导、教育与大学生能动的认识、体验、实践是内在统一的，我们要注重教育过程中的传递过程与接受过程相符合。

1. 传递过程

大学生社会责任感培养的传递过程是由若干个相互关联的阶段组成的。这些阶段有明确的先后顺序，教育者在开展教育活动时，必须按照顺序进行，这是社会责任感培养所必须遵循的一般工作程序。这个工作程序包括三个阶段：制定方案阶段、教育实施阶段、检验评估阶段。

制定方案阶段是由以下一些基本步骤组成。首先要全面搜集大学生社会责任感的信息，从中发现存在的问题，在实践中我们会发现，大学生存在的社会责任感问题是多种多样，并且在不断变化的。这些问题相互联系、相互影响，各有主次，性质各不相同，发展趋势也有所差别。因此，教育者要在纷繁复杂的问题中分清主次，抓住主要矛盾和矛盾的主要方面。其次是制定社会责任感培养的具体目标。目标不是教育者随意确定的，必须要充分考虑各种影响因素，遵循客观规律。再次是制定培养计划。教育者要先拟定各种备选方案，再从各种备选方案中优中选优，对于选定的培养方案要特别注重细节，使之逐步趋于完善。

教育实施阶段是大学生社会责任感培养过程的中心环节。主要任务就是将培养方案付诸教育实践。实施阶段的中心工作就是组织好各项社会责任感的教育活动。教育者要加强对各种教育活动的组织和指导，如果组织的不好，就不会产生令人满意的结果，因此，教育者要精心筹划、率先垂范、积极组织，使各项活动顺利实施。另外，大学生社会责任感培养的教育活动要尽可能地与大学生的学习和生活联系起来。调动大学生的学习积极性。各项活动要因地制宜、因材施教、丰富多彩，具有吸引力。并且各项活动要讲求实效，不可太多太滥，要坚决杜绝形式主义和走过场。

检验评估阶段是依据一定的标准，运用测量和统计分析的方法，对社会责任感教育过程及其效果进行质性评判和量化估价的活动，是社会责任感教育过程的最后一个阶段。评估内容要包括教育过程的目标是否实现，内容是否合适，方法是否恰当，师生互动是否正常，大学生的社会责任感是否有所提高等。大学生社会责任感培养的传递过程是一项艺术性很强的工作，没有固定的形式，具有灵活性和多样性的特点，各个环节要相互渗透、循序渐进、逐步深入。

2. 接受过程

大学生社会责任感培养过程中的接受过程是指大学生将社会所要求的社会责任内化为大学生的社会责任感,然后将内化的社会责任感转化为相应的社会责任行为和行为习惯的过程。简单地说,包括内化与外化两个子过程。内化是人对外部事物通过认知转化为内部思想的过程。用信息加工的观点来说,就是把外界输入的信息经过编码、存储和再加工的过程。法国学者迪尔克姆认为,内化的基本过程是从"纪律"发展到"自主"的过程。他指出,道德是一个命令的体系,而个人良心只不过是这些集体命令内化的结果。笔者认为,社会责任感的内化过程就是个体真正接受社会所要求的责任,并将其纳入自己的态度系统中,成为自己意识领域中的有机组成部分,成为支配、控制自己思想、情感和行为的内在力量的过程。具体来说,内化过程是一个从感受到分析再到选择的内部过程,这一过程伴随着一系列心理变化。其中,分析和选择是最重要的环节,只有经过大学生自觉地选择、消化、吸收,社会责任所要求的规范才能在个体的思想中稳固下来。

内化完成之后,接受过程可以说已经完成了一半,接下来就是外化过程。外化与内化是紧密联系在一起的,但二者有所不同,内化是把"社会要求我这样做"变为"我要这样做",外化则是把"我要这样做"变为"我正在(已经)这样做"。内化是外化的前提和基础,外化则是内化的最终目的。社会责任感的外化是将头脑中形成的社会责任意识转化为社会中责任行为和行为习惯的过程。具体来说,在社会责任动机的驱使下,大学生会选择社会责任行为途径和形式,动机在其中扮演了一个重要的推动作用,动机环节是教育者不可忽视的,社会责任行为一旦形成之后,就需要在行为的多次反复强化中变成习惯。习惯的养成是非常重要的,因为行为具有偶然性和情境性的特点,参考价值不大,只有社会责任行为习惯的养成才能看成是社会责任感培养的最终目的。因此,社会责任认知、情感和意志的培养最终都要落实到行为习惯上来。

3. 传递过程与接受过程的关系

培养过程中的传递过程与接受过程是辩证统一的,传递过程是接受过程的前提和基础,接受过程是传递过程的目的和最终归宿,二者互相影响,共同制约大学生社会责任感的形成和发展。从教育者的角度来说,整个大学生社会责任感的培养过程要力求做到传递过程与接受过程的统一。这是因为从学习的角度来说,大学生是受教育的主体,一切教育理念、方法和过程都必须符合大学生自身的特点,符合内化与外化的科学规律,如果不能做到这一点,任何精心策划的教育都不能起到良好的效果,因此,传递过程要符合接受过程的规律。在教育过程中,教育者要充分尊重大学生的主体地位,了解并掌握大学生的学习规律,这是增强大学生社会责任感培养实际效果的关键所在。具体来说,重视大学生的学习规律,就是把握社会责任感培养中的学习心理规律,所有的培养过程都要符合这些心理规律,传递过程和接受过程共同决定着大学生社会责任感培养的成败。

(三)坚持经典方法与新型方法相结合的方法原则

方法是指人们在认识世界和改造世界的过程中,为了达到预期目的而采取的手段或方式。传统的大学生社会责任感的培养方法较为单一,除了学校中思想政治理论类的课程以及平时的宣传教育以外，几乎很少有新颖而又可操作性的方法。随着时代的发展，大学生的思想意识也在发生着深刻的变化，这就要求高校思想政治工作者要紧跟学生思想变化的趋势，准确把握时代脉搏，在工作中因势利导，采用适合大学生思想发展水平的教育方法，把传统的经典方法与现代新型方法相结合，创造性地开展大学生社会责任感培养工作。

1. 经典方法

大学生社会责任感培养的经典方法也称传统方法，是高校思想政治工作者最为擅长，也是在实际的教育工作中运用最多的方法。无论什么样的方法都必须要遵循一定的原则，首先就是科学性与方向性相结合的原则，科学性是指大学生社会责任感教育的方法要具有真理性和规律性，坚持用马克思主义理论和思想政治教育学科的具体理论为指导。方向性是指教育方法要具有政治性、价值性和合理性。在教育培养中必须坚持社会主义和集体主义的价值取向，以正面教育为主，体现出实事求是的科学态度和实践精神。其次就是理论与实践相结合的原则，理论联系实际本身就是思想政治教育的一条基本原则，这条原则也同样适用于大学生社会责任感教育。在教育过程中既要注重理论教育，又要注重实践教育，用理论指导实践，强调行知统一。再次就是疏通和引导相结合的原则，疏通是让大学生把自己对于社会责任的想法充分讲出来，以便教育者真正了解问题。引导是在疏通的基础上，对正确的社会责任感旗帜鲜明地加以认可和鼓励，对错误的社会责任认识通过说服教育加以指正的方法。

在以上这些原则的指导下，大学生社会责任感培养中的具体的经典方法就应运而生了。首先,思想政治理论课的课堂教学是大学生社会责任感培养的主要阵地,通过教师的认真讲解,将社会责任灌输给学生,从而提高大学生的社会责任感。其次,高校中的各种宣传活动也是一种有效的教育方法,通过各种宣传栏或校园广播等形式开展,既开阔了学生的视野,又丰富了学生的感知。再次,以志愿服务活动为主的各种课外实践也能使大学生从认知、情感、行为和环境四个方面都得到了社会责任的熏陶和锻炼。这些经典方法在一定程度上对相当一部分大学生的社会责任感的形成和发展起到了作用,使他们的社会责任感有所提高,但并没有达到理想化的教育效果。面对大学生思想变化的新形势,适用于大学生社会责任感培养的新型教育方法受到了教育界人士的广泛关注。

2. 新型方法

相比传统经典方法,大学生社会责任感培养的新型方法应具有以下一些特点。

第一,针对性。针对性就是在面对不同的社会责任感问题时教育者能从实际出发,做到有的放矢,用不同的方法来解决问题,实际上就是实事求是的原则在社会责任感培养中的运用。在具体的运用当中,教育者要分析每个教育对象的具体特点以及引发社会责任感问题的具体原因,再实施有针对性的解决措施。

第二,创新性。大学生的思想状况是随着时代的发展不断变化的,为了适应新情况、新问题,大学生社会责任感的培养方法也应在继承传统的基础上有所创新。这就要求教育者要具有与时俱进的视野以及开拓进取的精神,及时吸收和运用其他相关学科研究的新成果,创造性地提出大学生社会责任感培养的新方法。

第三，综合性。综合性是指教育者在熟练运用各种大学生社会责任感培养方法的基础上，在实际工作中把它们进行综合运用，使各种方法的长处能够发挥到极致。因为大学生的思想行为是复杂多变的，受到主客观因素的共同影响，只有将各种方法整合运用才能起到令人满意的效果。

第四，实效性。实效性是指新方法在运用于大学生社会责任感教育实践时应具有可操作性，产生的结果具有有效性和可靠性。特别是讲求社会责任感培养的工作效率，这是培养效果的检验标准之一，提升培养的工作效率，也是社会主义现代化的要求。

基于以上特点，笔者认为以下新型培养方法是值得在实际工作中借鉴的。

第一，系统分析法。这是一种借助于现代科学研究中所产生的系统论的方法。系统论认为，任何一种事物都可以作为一个完整的系统进行研究，社会责任感的培养也是一样。把整个培养工作作为一个完整的系统，分析这个系统内部的构成要素以及各个要素之间的联系，要素与系统之间的联系，从中发现大学生社会责任感变化的规律，在此基础上提出具体的方法。

第二，比较教育法。这是一种将两种或两种以上的事物进行比较，从而启发受教育者的思考，从而达到教育效果的方法。对于社会责任感而言，纵向的古今比较和横向的中外比较都是可以借鉴和运用的，另外，正确与错误的比较鉴别法在社会责任感教育中也是非常有意义的，大学生能够在别人错误的行为中吸取经验教训，明辨是非，从而批判错误的责任观，接受正确的责任观。

第三，综合教育法。综合教育法是教育者在借鉴各种有效的教育方法的基础上，创造性地将这些方法加以整合，使之协调综合，发挥同向教育作用的教育方法。在运用的过程中，可以整合教育与自我教育的资源，整合教育与管理的资源，整合家庭、社会、学校以及自我的资源，使之共同发挥作用，从而达到提升大学生社会责任感的目的。

第四，情感体验法。情感体验法是指在教育者的指导下，大学生对社会责任产生一种心理上的主观感受，在这个主观感受的基础上，形成理解、验证和认同的教学方法。其核心在于作为教学活动主体的大学生通过社会责任感的教学产生独特的情绪体验，并全身心投入到体验之中，通过共情和体验活动的不断积累情感作用，最终形成个体所特有的社会责任情感倾向。这种情感倾向有利于大学生个体对社会责任的内化和外化。

3. 经典方法与新型方法的结合

经典方法与新型方法各有其自身的优势，经典方法是经过多年的实践检验所形成的教育模式，优点在于成熟性，缺点在于刻板性；新型方法是教育者根据新的实际情况探索出来的适合当代大学生的方法，优点在于实效性，缺点在于不成熟性。在教育工作中，把经典方法的成熟性与新型方法的实效性相结合，取长补短，在社会责任感的培养中就能够起到满意的效果。例如，对于一些教育效果比较好的大学生可以运用经典方法巩固教育成果，对于那些一直以来教育效果都不明显的大学生就可以尝试运用新型方法来加以改进。

以上这些方法，是党的思想政治教育的优良传统在大学生社会责任感培养中的具体体现，随着思想政治教育学科的不断发展和理论研究的不断深入，一些新的原则方法必然会随着时代的脚步应运而生。因此，作为教育和科研工作者，应紧跟时代步伐，推陈出新，不断探索大学生社会责任感培养的方法论。

（四）坚持微观环境与宏观环境相匹配的环境原则

大学生社会责任感的培养环境是指影响大学生社会责任感的发展和培养教育的一切外部因素的总和。相对于大学生的主观精神世界和教育者的教育方法而言，它是社会责任感培养所面对的外部客观存在。大学生社会责任感的培养环境是一个复杂的系统，一般来说，包括社会责任感培养对象（大学生）所生活的环境和社会责任感教育活动的所有外部条件（自然环境和社会环境）。相比自然环境而言，社会环境在大学生社会责任感的培养中起着更加重要的作用。因此，笔者以社会环境为环境因素的主要研究对象。

1. 环境因素的特点

大学生社会责任感培养的环境按其影响范围划分，可以分为宏观环境和微观环境。无论是哪一种环境都有以下特点需要引起关注。

第一，复杂性。影响大学生社会责任感的发展以及社会责任感教育活动的环境因素看似只有几大类，但实际上非常复杂。在社会生活中，凡是与大学生的生活、学习、交往有关的因素都可以影响他们的社会责任感，影响社会责任感的教育活动的进行。这些环境因素中，有良性的，有恶性的；有积极的，有消极的；有先进的，有落后的。各种环境因素总是混杂在一起，同时影响大学生的思想和行为。

第二，开放性。开放性是指各种环境因素在时间上和空间上都没有固定界限。从时间上来说，大学生社会责任感既与当前社会状态有关，又会受到传统思想和未来发展趋势的多重影响，也就是说，人的思想既联系着历史又联系着未来。从空间上来说，几乎凡是大学生生活的一切地方都会对他们的思想状态产生影响，特别是现代高科技信息传输技术的发展，使大学生可以跨地域甚至跨国界的交流，人与人的交往空间迅速扩大，因此，宏观环境在空间上已经没有明确界限。

第三，易变性。易变性体现在两个方面：一方面是大学生的学习和生活条件在不断变化，其思想意识也在随着年龄的变化而变化；另一方面是社会环境的方方面面都在变化，从经济环境、政治环境到文化环境，都是容易发生变化的，环境的开放性与易变性是统一的，开放必然易变，易变也进一步推动了开放。

2. 宏观环境

宏观环境又称为大环境，是指社会的经济、政治、文化环境，还包括更加复杂的国际环境。21世纪以来，我国的经济环境出现了巨大的变化，不同的利益主体都面向更加自由的市场进行自主竞争，形成了多元的价值取向。这些价值取向势必会对大学生的社会责任感造成影响，一些大学生受到拜金主义和享乐主义思潮的影响，造成社会责任感日趋低下。除了经济环境以外，政治环境中也存在很多不良现象，官员的贪污腐败、官商勾结、行贿受贿等现象，一些党的领导干部不仅没有起到表率作用，相反成了反面教材，这些现象都会使一部分大学生丧失共产主义理想信念，从而降低他们的社会责任感。文化环境中的不良现象对大学生的影响也是巨大的，文化界所传递的一些低俗信息、过度娱乐化的文艺节目和影视作品都会腐蚀大学生为祖国奉献和为人民服务的奋斗意志。

可见，优化经济环境、政治环境和文化环境已经刻不容缓，这一点在很多研究者的报告中已有所体现，对于整个大学生思想政治教育工作是非常有益处的，对大学生社会责任感培养更是起到了雪中送炭和锦上添花的作用。从社会大环境的角度讲，外敌入侵能够激起大学生的爱国之情，自然灾害能够激起大学生的同情之心，和平发展能够激起大学生的建设情感，这些都有可能成为大学生社会责任感提升的催化剂。相对于以上传统环境因素的影响，笔者更加注重宏观环境中出现的一些新型事物的教育作用。例如，媒介环境和虚拟环境。媒介环境就是大众传媒所构建的宏观环境，这对于大学生社会责任感的影响是十分巨大的。因此，大众传媒应该在宣传社会责任方面多出精品节目，始终把握正确的舆论导向。虚拟环境是由互联网所构建，把全世界都连在一起的宏观环境。信息量大，种类繁多是虚拟环境的特点，如何建立一个传递更多良性信息、更多宣传社会责任感，尽量避免不良信息的互联网，是相关行业和部门共同面临的问题和挑战。

3. 微观环境

微观环境又称为小环境，是指与大学生的活动直接相关的局部环境因素。例如，家庭环境、学校环境、社区环境等。微观环境对大学生社会责任感的影响是直接的、迅速的。其中，家庭环境和社区环境的影响具有原始性和深刻性，学校环境的影响具有促进性和可变性。要想使大学生社会责任感的培养具有时效性，微观环境的各种因素的影响都是不可忽视的，也是可以加以有效利用的。家庭是一个人价值观形成的摇篮，对社会责任感的形成和发展具有深刻的影响，要把社会责任感的培养渗透到每个大学生的家庭之中。教育工作者要树立教育家长就是教育学生的思想，努力提升家长的社会责任感，通过家长对学生的影响就能间接提升学生的社会责任感。学校环境的教育因素是教育者相对容易把握的，改善学校的文化氛围，提升教师和其他管理者的道德素质都是提升大学生社会责任感的有效途径。

在大学生社会责任感的培养中，微观环境在独立发挥教育作用的同时，要与宏观环境相匹配，二者不可偏颇，也不能互相抵触，不然会使各种环境教育因素互相抵消，不能够发挥同向作用，降低大学生社会责任感培养的效果。对于整个社会责任感教育过程来说，宏观环境是巨大而全面的教育因素，微观环境是直接而持久，具体而深刻的教育因素。宏观环境制约微观环境，微观环境是宏观环境发挥作用的基础，二者的有效匹配，才能共同发挥出重要的教育作用。

四、大学生社会责任感培育的对策

（一）优化社会教育，实现制度建设与宣传实践相结合

人是社会的人，人的成长离不开社会教育的影响，社会对大学生思想状况的影响是宏观的，也是直接的。从影响大学生社会责任感和发展培养的社会因素角度来讲，社会的经济环境、文化思潮和大众传媒是三个最重要的方面。从社会层面优化大学生社会责任感教育要从这三个方面入手，充分利用各种社会宣传途径，使大学生对社会责任达到耳濡目染的效果。在宣传教育的基础上配合社会实践锻炼，为大学生尽可能提供更多、更好地社会实践机会，让他们在实际操作中理解和感悟，就能达到知情并举、知行合一的教育效果。党和政府要统筹规划，构建一个各级政府、大众传媒以及社会各界力量相互联动的完整的社会教育系统，让这个系统从整体上提升大学生的社会责任感和履行社会责任的行为能力，使大学生社会责任感的培养效果得到进一步的巩固。

1. 强化与社会责任感相关的制度建设

邓小平同志曾经指出，"制度好可以使坏人无法任意横行，制度不好可以使好人无法做好事，甚至会走向反面。"① 因此，加强社会各个领域的制度建设，就为大学生履行社会责任提供了有力的制度保障。首先，要建立起一整套完善的社会信用体系，让大学生坚信我们的诚信社会。诚信是社会责任感养成的基础，一个人的诚实守信是其社会责任感的基本表现。因此，政府"要以社会成员信用信息的记录、整合和应用为重点，建立健全覆盖全社会的征信系统，全面推进社会信用体系建设"。司法部门要加大对失信行为的惩戒力度，在全社会广泛形成守信光荣、失信可耻的氛围。其次，健全各项法律法规。尽管多年来我国的司法建设蓬勃发展，各项法律法规相继出台，但不可否认的是，相比西方发达国家，我国的法律法规还有很多不健全、不完善的地方，尤其是对于公民承担社会责任方面的约束更是非常薄弱。法律上的各种漏洞必然会给不承担社会责任的人以可乘之机，不利于其社会责任感的培养和社会责任行为的履行。因此，健全各项法律法规，让即将走向社会的大学生群体明确自身的社会权利与义务，他们就会把社会责任当成自己的分内之事，自觉地去履行社会责任。再次，加大惩治腐败力度，让大学生

---

① 邓小平：《邓小平文选》第2卷，人民出版社1994年版，第333页。

增强对政府形象的信心。转变政府部分人员的工作作风,要大力打击以权谋私和权钱交易的违法行为,让大学生感到我们的党和政府是真正为人民服务的。同时规范社会主义市场经济行为,逐步建立起公平、公正、公开的市场竞争机制,让大学生在公平与正义的氛围下唤起社会责任感。

2. 加强社会责任感教育的宣传力度

社会宣传离不开大众传媒的力量。郭庆光认为,大众传媒具有一种为公众设置"议事日程"的功能,大众传媒的新闻报道和信息传达活动以赋予各种"议题"不同程度的显著性的方式,影响着人们对周围世界的判断。在大学生社会责任感的培养过程中,党和政府的主流大众传媒应当加强舆论宣传力度,适度增加有关社会责任承担的相关节目的播出比例,用正面的舆论来引导大学生对社会责任产生正向的价值判断,进而引导其做出对他人和社会有意义的事情。例如,中央电视台开展的感动中国人物评选活动和全国道德模范评选活动都是通过大众传媒进行社会责任宣传引导的典型。

另外,网络媒体在大学生社会责任感培养过程中也能发挥强大的功能。当代大学生对于网络的热衷是任何群体都无法比拟的,他们熟悉网络,善于运用网络,可以说网络是大学生生活当中必不可少的组成部分。因此,党和政府要加强网络思想政治教育工作队伍建设,大力加强大学生甚至全体公民的网络社会责任意识培养工作,加强网络思想政治教育工作队伍建设,大力提高网络社会责任意识培养工作。同时,规范网络秩序,引导学生树立网络责任意识,特别是针对各种热门网络论坛,一定要做好网络舆情监控及引导工作。网络思想政治教育工作者要及时发现学生思想动向,对于出现偏差的带有群体性特征的舆论要进行及时的监管和引导，确保大学生社会责任意识的主流取向始终成为网络的主旋律。

3. 为大学生提供广泛的社会实践锻炼机会

大学生社会责任感是认识过程、情感过程和意志过程的统一，这个统一的桥梁就是实践。中共中央、国务院《关于进一步加强和改进大学生思想政治教育的意见》明确指出："社会实践是大学生思想政治教育的重要环节，对于促进大学生了解社会，了解国情，增长才干，奉献社会，锻炼能力，培养品质，增强社会责任感具有不可替代的作用。"参加社会实践活动，引导大学生走出校园，深入社会，了解社会，在实践中认识国情，可以帮助大学生解决对社会发展中的一些问题的困惑，把握社会发展的主旋律，从而加深对书本知识的理解和体会，在实际操作中接受教育、增长才干，在为他人和社会尽心尽力做事情的过程中不断增强社会责任感。

政府和社会各界力量都要尽可能地为大学生提供社会实践活动的机会，例如青年志愿者服务、义务支教、扶贫帮困，帮残敬老、向灾区人民捐款献物等各种公益性活动，有条件的还可为在校大学生创建社会责任感培养实践教育基地，让大学生深入社区、工厂、企事业单位等。实践教育基地的建设在硬件设施和师资配备这两个方面都要大量投入，为大学生的社会责任感培养打造高效、实用的教育平台。让大学生在实践教育基地中能够系统地、全面地参加各种活动，在多种多样的实践活动中认识社会责任，感悟社会责任，形成强烈的社会责任感，在实践活动中实现自身价值与社会价值的统一。

（二）提升家庭教育，实现言传身教与创设情境相结合

家庭教育在一个人品德形成的过程中所扮演的重要角色是不言而喻的。对大学生的社会责任感而言，他们从小就会受到父母言行和家庭环境的各种影响，这其中有正面的影响，也会有负面的影响。可以说，孩子在上大学之前，他的社会责任感就具备了一定的雏形，由于孩子很少接触社会，在中小学又忙于学习，因此这个雏形在很大程度上是家庭教育的结果。这一点就会提醒教育工作者，孩子并不是"空着脑袋"来接受教育的，他们的一言一行都会带着原生家庭的影子，可见，家庭教育对学生的影响有多么巨大。

1. 家长要注重言传身教，做好表率

既然孩子从小就受到家庭教育的深刻影响，那么对于大学生社会责任感培养的家庭教育，就需要从两个阶段来进行提升。第一个阶段是学生从出生到进入大学之前，对于这部分学生的家庭教育，需要家长发挥自己的主观能动性，有意识地给孩子正面的启示。第二个阶段是学生进入大学之后的时间里，在表面上看学生平时在学校上学，更多地接受学校教育的影响，实际上这些学生受到家庭的影响还是很大的，对于社会责任感比较低的大学生，就需要学校和社会各界发挥自己的力量来帮助家长实施社会责任感的家庭教育，首先应该利用各种途径对家长进行社会责任感教育，然后家长再把自己接受到的教育成果再教给孩子。

行为主义心理学家班杜拉（Albert Bandura）的社会学习论认为，孩子的很多思想和行为都是在认真观察其他人的言行之后，经过模仿而习得的。这一理论能够提示各位家长，与孩子接触最多的，对他们影响最大的人就是父母，如果父母能够经常在孩子面前表现出

社会责任感，做出负责任的行为的话，就会给孩子树立正面的榜样，孩子就会模仿父母，也会做出负责任的行为，经过多次的重复之后，社会责任感就能够深入孩子的内心世界，生根发芽，成为他人格的一部分而终身受用。相反，如果父母自身缺乏社会责任感和社会责任行为，孩子在成长过程中就不会有负责任的认知和情感体验，更不会做出负责任的行为。特别是对于那些年龄越小的孩子，受成年人的影响就越大。在家庭的日常生活中，父母双方要相敬如宾，尊重老人，对朋友讲诚信，乐于助人，心怀祖国和社会，对自己和家庭负责。这就会对孩子道德情感的发展起到重要的作用，潜移默化中孩子就会懂得责任的意义。

家长在注重自身修养的同时，也要注重运用科学的教育方法来提高孩子的责任意识。一方面，家长要用与孩子平等的姿态来和孩子交流，声情并茂，晓之以理，动之以情，避免使用简单生硬的说教，这种方式容易让孩子接受家长的教育内容。可以为孩子列举一些历史典故和身边的榜样来告诉孩子社会责任的意义所在，鼓励孩子做出负责任的行为。另一方面，在孩子对社会责任感出现错误的认识或者做出错误行为的时候，要避免过于严厉的惩罚，更要避免体罚孩子，应立足于以理服人，多讲道理，防止孩子的逆反心理影响教育效果。同时还要避免对孩子的溺爱，当孩子对社会责任出现不正确的认知和行为的时候，不能视而不见，而应当寻找合适的机会对孩子施加正面教育。要对孩子的正确思想和行为多鼓励和表扬，增强孩子的成就感和自豪感，强化他们的社会责任意识和行为。

2. 主动为学生创设家庭责任情境

家庭生活是丰富多彩的，特别是充满了丰富的感情色彩。在用爱心构筑的家庭之中，父母也可以为孩子主动创设相应的责任情境，这将特别有利于激发孩子的社会责任感。长期以来，很多中国家长受望子成龙的传统观念影响特别深，父母将注意力过分地关注在子女的学业成绩上，对于独生子女来说，在家庭生活中几乎不要求孩子承担任何家务事。这样特别容易使孩子形成将父母和其他人为自己的付出当成理所当然的心态，而没有对父母和他人付出的意识。在这样的家庭环境中成长的孩子，家庭责任感薄弱，可想而知，就更难以培养出较高的社会责任感。笔者认为，只要孩子的基本生活能够自理，其实每个年龄段的孩子都可以承担相应的家庭责任，例如，小学生可以帮助父母打扫房间，中学生可以帮助父母做饭买菜，大学生可以承担更多更重的家庭任务。因此，家长需要给孩子的每个年龄段都分配好相应的任务，并激励他们用心完成。在他们完成不好的时候也要耐心鼓励，并坚持下去，就会取得良好的效果。

很多家长在面对孩子的时候都不愿意把家庭目前所面临的困难告诉孩子，怕孩子的心理承受能力弱，从而影响其学习成绩或引发其他心理问题。其实这样的做法是无助于孩子心理素质的提高的，并且不利于孩子责任心的培养。只有在面对困难并努力克服困难的过程中，孩子的生活阅历、意志力和责任感等心理品质才会有所提高，其人格才会健康成长。因此，当家庭遇到困境时恰恰是对孩子进行社会责任感培养的最适当的时机。家长在面对年龄较大的孩子时，需要将家庭所面临的困难告诉他们，例如经济压力或家庭矛盾等。让孩子树立为家庭负责，为家长分忧的责任感，有意识地让孩子参与到家庭问题的解决中来。平时的生活中多与孩子谈论国家大事和社会热点问题等，引导孩子把视野放开阔，多关注家庭以外的事情。

（三）强化学校教育，实现相关课程与校园活动相结合

学校是育人的重要场所，也是大学生社会责任感培养的最重要的阵地，学校教育理应成为大学生社会责任感培养的主要方面。学校教育可以使大学生接受到系统的社会责任的相关知识，便于他们理解和运用，使大学生在学习过程中逐步明确作为社会的一员，哪些是自己应该关注的，哪些是不需要关注的，哪些是自己应该做的，哪些是不应该做的，自己对国家、社会、他人、家庭和自身都要担负着什么样责任，从而更加系统的提高大学生的社会责任感。

1. 以思想政治理论课为主渠道，相关课程协同配合

高校思想政治理论课是对大学生进行思想政治教育的主渠道，社会责任感的培养也是其授课的重点内容之一。但是一个时期以来，高校思想政治理论课一直存在实效性差，理论知识与大学生的实际情况脱节的现象，造成一些大学生为了及格和得高分而学习，偏离了学习的最终目的，这是所有高校思想政治工作者应该反思的。社会责任感的培养也存在这样的弊端，学生上课走过场、重形式，很多学生都没有真正理解社会责任感的含义，也没有真正培养起强烈的社会责任感，更不可能运用到生活当中。基于以上问题，笔者认为应该从以下两个方面来提升社会责任感的课堂教育效果。

一方面要进行教学改革，增加课程的吸引力。在教学内容上要做到丰富。以往的教学内容比较陈旧，所列举的例子也大都跟不上时代的步伐，要在教材中重点强调责任与权利，责任与自由的相关知识，使大学生明确责任的范畴，然后进一步深入到社会责任的相关知识，教师在课堂上要尽量列举近期发生的、大学生都比较关注

的例子，提高课程的吸引力。在教学方法上，要转变以往传统的灌输式、单向式的教学形式，采用渗透式、互动式的教学方法，增加师生相互讨论、专题讲座、辩论和案例分析等教学方法。通过多种方法相互配合，活跃课堂气氛，吸引更多的学生参与课堂互动。最近研究得比较多的情感体验式教学方法，就是根据大学生的学习心理特点，制定符合学习规律的一种新型教育方法。体验是一种心理上的主观感受，带有很强的个性色彩。这种教学策略在运用到社会责任感教育中是通过学生对社会责任感的同感和体验活动的不断积累作用，最终形成个体的社会责任情感倾向。这种社会责任情感倾向比社会责任认知要稳定得多，更容易成为社会责任行为的内驱力。

另一方面，相关课程要协同配合。除了"思想道德修养与法律基础课"和"马克思主义基本原理概论"，"中国近现代史纲要"和"毛泽东思想和中国特色社会主义理论体系概论""形势与政策"等课程中也要适当加入社会责任感培养的相关内容，与之相近的"心理健康教育"或职业生涯规划与就业指导类的课程也可以渗透相关内容。笔者认为，只要任课教师有这种培养社会责任感的育人意识，任何课程（包括专业课）的课堂上都能够进行社会责任感教育。因此，社会责任感教育不仅仅是思想政治教育类课程的任务，从某种意义上说，是所有课程共有的任务，相关课程必须协同配合，发挥出同向教育作用。

2. 积极开展校园活动，推动校园文化建设

从学校层面强化大学生社会责任感的培养，不仅要做好相关课程的建设，还要积极组织开展有针对性的丰富多彩的校园活动。对于社会责任感等思想政治教育类的知识，考试成绩不是检验教育成

果的最有效途径，实际生活才是最有说服力的检验标准，而校园活动是在学校教育中最接近实际生活的，因此，校园活动既是培养大学生社会责任感的科学方法，又是检验培养效果的有效途径。校园活动可以采取灵活多样的方式，例如，宿舍成员的生活习惯差异以及人际交往能力的不同都有可能导致宿舍成员之间的矛盾，学校可以探索和完善让学生自我管理宿舍的机制，让大学生感受到宿舍生活中对自己和他人的责任。对于各类大学生社团的建设，也可以将社会责任的相关知识融入其中。大学生志愿者协会就是广泛宣传和实践社会责任感的重要学生社团，通过开展各类校园活动和社会实践能够充分提升社团成员的社会责任感，这种积极性也能影响到其他非社团的学生。还可以成立类似环保社团、敬老社团、助残社团、爱心社团等专门传播社会责任感的学生组织。另外，学校在制定一些与学生有关的规章制度时，可以采取听证会的形式，选择学生代表提出意见。在参与的过程中，学生能从中体会到自己是学校的一分子，校园主人翁的责任感得到提升，从而能够强化学生对学校的责任感。

一些行为科学家认为，环境对于激发和引导人在环境中的行为方式有很大影响。[①] 因此，校园环境对大学生社会责任感的发展和培养也是非常重要的，通过多种途径推动校园文化建设，开展责任型校园、爱心型校园、服务型校园、规范型校园等专项活动，让大学生在充满着正能量的校园文化氛围中学习责任、感悟责任、实践责任。同时学校应充分利用校园舆论的作用，在校内外积极开展舆论

---

① 张丽娜：《和谐社会呼唤大学生社会责任教育》，载《科技信息》，2009年第2期。

监督，坚决批评背离社会责任的错误言行与丑恶现象，用舆论宣传来弘扬社会责任感和其他高尚的道德情操，形成一种独特的校园舆论力量，使大学生在这样的校园文化氛围中耳濡目染，感同身受。

（四）提倡自我教育，实现理论学习与实际行动相结合

自我教育是指个体为了获得教育效果而主动对自己进行教育的行为。对于大学生群体来说，他们已经是成年人了，心理发育已经成熟，具有缜密的逻辑思维能力，对于是非、善恶、美丑也都有一定的辨别能力，并且完全具备自我教育的能力，大学生的专业课学习在一定程度上也是以自主学习为主。如果社会各界力量引导得当的话，社会责任感的自我教育对大学生来说是完全可以实现的。因此，真正的教育，应当是自我教育，而自我教育的过程，也是责任感的形成过程。大学生社会责任感的自我教育需要通过学习和实践相结合，从心理过程的认知、情感和行为三个方面入手培养自己的社会责任感。

1. 加强社会责任感相关知识的理论学习

大学生要自动自觉地加强与社会责任感有关的理论知识的学习。学习内容包括：社会责任感的相关概念、培养意义、构成要素、基本特征、形成过程、社会责任感的发展史、社会责任感的理论借鉴、现状和问题以及提升方法等。特别要注重马克思主义理论相关课程的学习，用科学的理论武装自己的头脑，指导社会责任感的培养。自我教育要与学校教育、社会教育和家庭教育相结合，大学生个体要把外界各种教育途径得来的信息经过头脑加工后形成属于自己的社会责任意识。在自我教育的过程中，不能对理论生搬硬套，死记硬背，对不理解的内容要及时向教师或其他同学请教，要不断地思

考与感悟社会责任对于国家、社会、家庭和自己的意义所在，这样才能真正从理性层面把握社会责任的要义。

在加强理论学习的同时，大学生也要注重对自我个性的完善。良好的个性品质是一个人形成主流价值观，拥有爱、表达爱、释放爱的基础。能够拥有良好的个性品质，对于他们培养强烈的社会责任感是非常有帮助的。良好的个性品质需要大学生从客观地认识自我和周围的世界开始，对自己的各个方面有正确的评价，才能在面对别人时做到不卑不亢。大学生以一个积极的心态来面对生活，才能以良好的态度关注他和社会，而不是玩世不恭和怨天尤人。大学生在校学习期间可能会面临着巨大的学习压力、人际交往压力、就业压力等各个方面的影响，容易产生焦虑、抑郁等情绪，也容易出现对事物的偏执和顽固的态度。这些不良的心理现象也是阻碍大学生自我培养社会责任感的绊脚石，因此，大学生应多学习一些心理健康知识，掌握可操作性强的心理调节技能，努力调整好自己的心态，为社会责任感培养营造一个良好的心理状态。从这个角度来说，心理健康知识的学习也是社会责任感培养所需要的理论知识之一，同样需要引起大学生的广泛关注。

2. 在生活中用实际行动践行社会责任

学以致用是学习的最终目的，大学生社会责任感的培养如果只依靠各种方式的理论学习仅仅只能达到纸上谈兵的效果，培养社会责任感的最终目的是让广大大学生能够真正肩负起历史使命，承担起时代赋予他们的社会责任。因此，大学生必须要在实际生活中培养和践行社会责任，才能实现社会责任感的巩固和提升。在生活中践行，就是要从生活中一点一滴的小事情做起，抓住每一次培养机会努力地锻炼自己。

对于学校生活，大学生应经常关心身边的老师和同学的生活状态，对于需要帮助的人要及时伸出援助之手。同时还要树立起学校和班集体的主人翁责任意识，努力维护学校和班集体的利益不受侵犯；以身作则，维护校园秩序，对于校园中出现的不良现象应敢于果断制止和斗争；爱护公物，主动维护校园卫生，不随地吐痰，不乱扔果皮纸屑；保持良好的人际关系，在寝室中不影响他人生活；在校园内不违反各项规定，以诚信之心和感恩之情来善待身边的每一个人。

对于家庭生活，大学生应孝敬父母，尊敬长辈，珍惜兄弟姐妹的手足之情。主动帮助父母承担家庭责任，在家勤做家务事，对于经济非常困难的家庭要主动从事起勤工俭学活动；维护家庭和睦，善于调节家庭人员之间的关系；培养多为父母做事情的意识，关心他们的身体健康，对于进入更年期的父母要更加关注他们的心态，在家庭压力比较大的时候要做好父母的思想工作，在情感上给父母多一些陪伴。对于已经成家的在校大学生，更要担负起家庭的重任，夫妻之间要相敬如宾，珍惜婚姻生活。

对于社会生活，大学生应多关注国家大事和社会热点问题，对于这些新闻的看法既要符合社会主流意识形态，又要有自己独到的见解，对于是非、善恶、美丑要有正确的价值观，客观分析社会现象，把国家和社会的利益放在首位，把个人利益与国家、社会的利益统一起来。努力培养社会责任担当意识，抓住助人为乐和见义勇为的机会来锻炼自己的行动能力；发扬一方有难八方支援的精神，为灾区和需要帮助的人奉献爱心，捐款捐物；从生活中的小事来践行爱国、敬业、诚信、友善的社会主义核心价值观。

（五）构建学校、家庭、社会、个人四位一体的协作培养体系

为了使各种教育因素能够充分发挥各自的作用，并在此基础上形成大学生社会责任感教育合力，就需要构建起一个学校、家庭、社会、个人四位一体的协作培养体系，并逐步探索该体系的长效机制。由于学校是育人的重要场所，肩负着育人的主要功能，因此，这个庞大的协作培养体系应该由学校来主导，由家庭、学校、个人和社会共同参与，几方面因素共同作用，形成有效的整体联动机制。

1. 注重学校在协作培养体系中的主导作用

学校相比其他培养因素对大学生社会责任感的培养有着天然的优势。对于家长来说，学校是孩子学习的地方，是家长重点关注的对象；对于社会各界来说，学校是人才输出的地方，更是各个单位的"造血工厂"；对于学生来说，学校是学习和生活的地方，对他们有更加特殊的意义。因此，学校具备与各方协调沟通的良好条件和能力，理应成为大学生社会责任感培养体系的主导力量。

学校内部要完善大学生社会责任感培养评价机制，这个评价机制要以全面性和实效性为原则，评价内容包括：国家责任感、社会责任感（狭义）、他人责任感、家庭责任感以及自我责任感五大方面，每个方面都要细化成具体的评价指标，评价内容要尽量丰富，避免从单一的角度对学生做出评价结果。评价方式由学校评价、社会评价、家庭评价和自我评价四个方面组成。学校评价由接触学生相关教师和同学提供，社会评价由学生的社会实践单位提供，家庭评价由学生家长提供，自我评价由学生本人提供，来自各方的评价内容都要力求客观公正。同时，教育主管部门要组织专家设计出更

加实用的全方位、科学化的大学生社会责任感教育评价体系，并逐步完善。例如，现在有学者提出可以在学校中采用"大学生社会责任教育学分制"来评估学生的社会责任感培养效果，这就是一个很有价值的尝试。

2. 构建学校、家庭、个人互动的协作培养机制

学校作为协作培养体系的主导力量，应当主动与学生的家庭构建紧密的联系。首先，辅导员老师要详细记录每一位学生的社会责任感的培养情况，特别是该学生的社会责任行为状况，对于社会责任行为表现较差的学生应重点关注，建立学生社会责任感档案。其次，辅导员老师作为学校的代表应定期向学生家长反馈学生在学校的各种表现情况，特别是承担起作为学生的相应责任方面的情况以及该学生的社会责任感的其他方面的情况。反馈的频率可以以一个月为周期。再次，学生家长应认真听取辅导员老师对学生社会责任感表现情况的介绍，对于其中出现的问题，教师、家长和学生三方要通过协商来提出解决方案。最后，解决方案一旦提出，学生本人就要遵照方案来操作，及时弥补自身社会责任感出现的不足。如果是寒暑假期间，家长也要按时记录学生的社会责任感表现情况，并及时与辅导员老师进行沟通。无论怎样的沟通，都需要做到教师、家长和学生三方知情统一。学生是自身社会责任感培养的主力，教师和家长要起到指导和监督的作用。

3. 构建学校、社会、个人互动的协作培养机制

对于大学生社会责任感的培养，学校与社会的紧密联系也是必不可少的。首先，学校要努力与社会各界联系，为尽可能多的学生都提供社会实践锻炼的机会，社会实践是培养大学生社会责任

感也是检验培养效果的最有效的手段。因此，提供社会实践机会是学校与社会协作培养的基础。其次，提供社会实践岗位的单位要安排专人负责记录学生的社会实践表现，特别是学生所表现出的社会责任感的状况，然后及时向辅导员老师反馈这些情况，以便辅导员能在第一时间了解学生的具体表现。最后，对于社会实践所暴露出的社会责任感方面的问题，实践单位负责人、教师和学生本人三方面要及时沟通，通过协商来解决问题，获得进步。在解决问题的过程中，学生依然是问题解决的主体，要以对自己和社会负责任的态度来面对自身存在的问题，在学校和实践单位的共同指导和帮助下完成。在实践锻炼的过程中，实践单位要适当开展创先争优等评比活动，让学生之间形成竞争机制，以此来达到互相鞭策，共同进步的目的。

4. 构建社会、家庭、个人互动的协作培养机制

对于学生的社会实践表现，社会实践单位在与学校沟通的同时，也要注重与学生家长及时进行反馈。反馈的社会责任感表现内容要实事求是，本着客观公正的原则与家长沟通。家长也要认真听取社会实践单位的反馈信息，并做好记录。对于学生在社会实践时所表现出的问题，社会实践单位、家长和学生本人要协商解决。家长要特别重视学生在社会实践中的表现，这关系到学生是否真正具备为国家、社会、人民奉献的态度和能力，也在一定程度上反映出家庭教育的成功与否。

在整个大学生社会责任感培养系统中，三个协作培养的子系统之间也要保持开放的状态，互相联系，及时沟通。对于学生本人存在的社会责任感问题有不同的看法时，三方应本着为学生负责的态

度来协商，不可主观臆断，一意孤行，破坏整个培养体系的运转功能，这样不仅会失去对方的信任，造成信息沟通不畅，使整个培养体系陷入瘫痪状态，更会对大学生社会责任感培养带来不良后果。因此，在培养过程中，学校、社会、家庭和个人四方要通力合作，共同为社会责任正能量在大学生群体中广泛传播作出贡献。

附录　大学生社会责任感现状调查问卷及结果

1. 2013年4月20日，四川雅安发生地震，你的看法是什么？

选项	人数（个人）	百分比（%）
A. 尽自己最大的力量去帮助	1505	78.3
B. 别人都捐款了，我就捐款	344	17.9
C. 救灾只能靠政府	57	3.0
D. 与我无关，从不关心	16	0.8
合计	1922	100

2. 你对今年两会的热点问题了解多少？如教育公平，大学生就业以及房价等问题的看法是什么？

选项	人数（个人）	百分比（%）
A. 非常关注	1079	56.1
B. 知道很少	690	35.9
C. 完全不知道	94	4.9
D. 不感兴趣	59	3.1
合计	1922	100

3. 对于"天下兴亡,匹夫有责"这个说法,你认为个人有必要承担国家责任吗?

选项	人数(个人)	百分比(%)
A. 有必要,国家利益与每个人都息息相关	1505	78.3
B. 没有太大的必要,国家责任感可以淡化	209	10.9
C. 这是个人的自由,不能强求	177	9.2
D. 完全没有必要	31	1.6
合计	1922	100

4. 对于日本右翼势力登上钓鱼岛的行为,你的看法是什么?

选项	人数(个人)	百分比(%)
A. 非常关注,感到气愤	1650	85.8
B. 很正常,没什么大不了的	172	8.9
C. 完全不知道	68	3.5
D. 没兴趣,从来不关心	32	1.7
合计	1922	100

5. 近几年河流污染比较严重,你的看法是什么?

选项	人数(个人)	百分比(%)
A. 河流是公用产品,谁都不能污染	1577	82.0
B. 治理污染的责任完全在政府	105	5.5
C. 从来不关心这类问题	40	2.1
D. 河流是公用产品,谁都可以污染	200	10.4
合计	1922	100

6. 某大学生为救一位落水的拾粪老人而牺牲了，对此你的观点是什么？

选项	人数（个人）	百分比（%）
A. 他的行为值得我学习，我也会去救人	1116	58.1
B. 很佩服他，但我做不到	656	34.1
C. 为救一个拾粪老人而牺牲，那个大学生不值得	102	5.3
D. 太危险，自己不会冒生命危险去救一个素不相识的人	48	2.5
合计	1922	100

7. 当你在公共场合看到小偷正在行窃时，你会怎么做？

选项	人数（个人）	百分比（%）
A. 立即上前制止	1078	56.1
B. 如果有他人阻止或警察在时参与阻止	677	35.2
C. 装作没看见	111	5.8
D. 赶快躲开，保护好自己	56	2.9
合计	1922	100

8. 乘公共汽车遇到老弱病残孕时，你会怎么做？

选项	人数（个人）	百分比（%）
A. 主动让座	1557	81.0
B. 有时让座有时不让座	271	14.1
C. 别的年轻人不让座，我也不让座	73	3.8
D. 从来都不让座	21	1.1
合计	1922	100

9. 出门在外旅行，你想扔东西时如果找不到垃圾桶，你会怎么做？

选项	人数（个人）	百分比（%）
A. 直到看到垃圾桶再扔	1513	78.7
B. 扔在别人不太注意的地方	281	14.6
C. 随手扔在地上	101	5.3
D. 随便扔在哪里都可以	27	1.4
合计	1922	100

10. 对于志愿服务或其他社会公益活动等社会实践，你的参与程度如何？

选项	人数（个人）	百分比（%）
A. 总是积极参加	1141	59.4
B. 感兴趣时偶尔参加	609	31.7
C. 同学或好朋友参加时，我才会参加	130	6.8
D. 从没参加过，与自己关系不大，没兴趣	42	2.2
合计	1922	100

11. 有人缺乏网络道德，在网络或校园BBS上发侮辱性言论，你的看法是什么？

选项	人数（个人）	百分比（%）
A. 不应该这样，感到气愤	1401	72.9
B. 自己有时也会这么做	84	4.4
C. 从不关心这样的事情	90	4.7
D. 正常，这是个人自由	347	18.1
合计	1922	100

12. 当你的同学遇到困难时，你会怎样做？

选项	人数（个人）	百分比（%）
A. 主动帮助	1406	73.2
B. 别人请求时再提供帮助	326	17.0
C. 如果和我关系很好，我才会帮助	160	8.3
D. 从来不愿意帮助别人	30	1.6
合计	1922	100

13. 发现同学违反校规时，你会怎样做？

选项	人数（个人）	百分比（%）
A. 上前阻止	1228	63.9
B. 主动报告	273	14.2
C. 不问不管	377	19.6
D. 为其掩饰	44	2.3
合计	1922	100

14. 对于严禁考试作弊，严重者可以开除学籍的规定。你同意哪种看法？

选项	人数（个人）	百分比（%）
A. 应该坚决杜绝作弊	1354	70.4
B. 太严厉，断送学生的前程	435	22.6
C. 不需要约束作弊行为	77	4.0
D. 只要不被校方抓住，就可以作弊	56	2.9
合计	1922	100

15. 当班集体的重要活动与你个人的一般活动有冲突时，你会如何处理？

选项	人数（个人）	百分比（%）
A. 积极参加集体活动	1334	69.4
B. 不很情愿地参加集体活动	248	12.9
C. 说不清会怎么选择，要看具体情况	250	13.0
D. 坚决去做自己的活动	90	4.7
合计	1922	100

16. 在任何情况下，你是否都会赡养父母？

选项	人数（个人）	百分比（%）
A. 会	1638	85.2
B. 看情况，不一定	124	6.5
C. 父母根本不需要我赡养	40	2.1
D. 不会	120	6.2
合计	1922	100

17. 你认为自己应该从什么时候开始对家庭负责？

选项	人数（个人）	百分比（%）
A. 任何时候	1387	72.2
B. 工作稳定、有经济能力之后	423	22.0
C. 从来没想过	76	4.0
D. 不需要对家庭负责	36	1.9
合计	1922	100

18. 我们要珍爱自己和他人的生命和健康，你的看法是？

选项	人数（个人）	百分比（%）
A. 自己健康才能为别人服务	1391	72.4
B. 健康是享乐的基础	390	20.3
C. 不太关注自己的健康	103	5.4
D. 他人的生命和健康并不重要	38	2.0
合计	1922	100

19. 大学毕业后是否愿意到边疆或基层锻炼？

选项	人数（个人）	百分比（%）
A. 愿意	1160	60.4
B. 看待遇	385	20.0
C. 没找到满意的工作时可以去	232	12.1
D. 不会去	145	7.5
合计	1922	100

20. 你认为人的价值应如何体现？

选项	人数（个人）	百分比（%）
A. 为国家、人民创造物质和精神财富的多少	1393	72.5
B. 社会地位的高低	295	15.3
C. 拥有金钱的多少	115	6.0
D. 活得是否潇洒、滋润	119	6.2
合计	1922	100

21. 你认为当代大学生的社会责任感状况如何？

选项	人数（个人）	百分比（%）
A. 非常缺乏	1011	52.6
B. 有点儿缺乏	771	40.1
C. 不缺乏	79	4.1
D. 不清楚	61	3.2
合计	1922	100

22. 对于社会责任感，你对自己的评价是什么？

选项	人数（个人）	百分比（%）
A. 有明确的社会责任感，并努力付诸实践	1059	55.1
B. 有想为社会做些事的想法，但不知道如何执行	599	31.2
C. 知道应该履行社会责任，但自律能力不够	227	11.8
D. 从不关心社会责任	37	1.9
合计	1922	100

23. 你认为从哪个方面能够最有效地提高大学生的社会责任感？

选项	人数（个人）	百分比（%）
A. 家庭教育	917	47.7
B. 学校教育	385	20.0
C. 社会影响	491	25.5
D. 自我教育	129	6.7
合计	1922	100

24. 你认为提高大学生的社会责任感的最佳途径是什么？

选项	人数（个人）	百分比（%）
A. 营造和谐的文化氛围	995	51.8
B. 政府大力宣传社会责任	259	13.5
C. 加强社会实践锻炼	398	20.7
D. 营造全方位的育人环境	270	14.0
合计	1922	100

参考文献

一、个人著作

[1]《马克思恩格斯全集》第3卷,人民出版社1960年版。

[2]《马克思恩格斯全集》第42卷,人民出版社1979年版。

[3]《马克思恩格斯选集》第1—4卷,人民出版社1995年版。

[4]《马克思恩格斯文集》第5卷,人民出版社2009年版。

[5] 马克思:《1844年经济学哲学手稿》,人民出版社1979年版。

[6]《毛泽东选集》第一卷,人民出版社1991年版。

[7]《毛泽东选集》第三卷,人民出版社1991年版。

[8]《邓小平文选》第二卷,人民出版社1994年版。

[9] 常若松:《健康人格论》,辽宁人民出版社2004年版。

[10] 程东峰:《责任论》,中国林业出版社1994年版。

[11] 樊富民:《大学生心理健康教育研究》,清华大学出版社2002年版。

[12] 公民道德建设实施纲要百问百答编写组：《公民道德建设实施纲要百问百答》，中共中央党校出版社2001年版。

[13] 郭庆光：《传播学教程》，中国人民大学出版社1999年版。

[14] 贺希荣、罗明星、朱美华：《道德的选择——来自大学生心灵的报告》，人民出版社2006年版。

[15] 胡守芬：《德育原理》，北京师范大学出版社1989年版。

[16] 黄希庭：《大学生心理学》，上海人民出版社1989年版。

[17] 金安：《责任》，四川大学出版社2005年版。

[18] 李建立：《工作就是责任Ⅱ》，机械工业出版社2009年版。

[19] [意] 马志尼：《论人的责任》，吕志士译，商务印书馆1995年版。

[20] 莫雷：《教育心理学》，教育科学出版社2007年版。

[21] 牟宗三：《中国哲学十九讲》，上海古籍出版社2005年版。

[22] 韦钰：《学会生存——教育世界的今天和明天》，教育科学出版社1996年版。

[23] 杨冬雪、李惠斌：《社会资本与社会发展》，社会科学文献出版社2000年版。

[24] 张崇琛：《中华家教宝库》，吉林人民出版社1993年版。

[25] 张光兴：《大学生思想道德修养》，科学出版社2005年版。

[26] 中共中央宣传部宣传教育局、教育部社会科学研究与思想政治工作司、共青团中央学校部：《中共中央国务院关于进一步加强和改进大学生思想政治教育的意见学习辅导百问》，中国人民大学出版社2005年版。

[27] 中国社会科学院语言研究所词典编辑室：《现代汉语词

典》，商务印书馆 2002 年版。

［28］C. Gilligan, *In a Different Voice*, Harvard University Press, 1982.

二、期刊论文

［1］陈婷、王彬、李书宁：《当代大学生社会责任感调查报告——基于对广州市 705 名大学生的调查》，载《青年探索》，2008 年第 6 期。

［2］邓凌：《中国传统儒家责任伦理思想浅探》，载《青海师范大学学报（哲学社会科学版）》，2009 年第 6 期。

［3］丁纯：《论墨家思想的当代德育价值》，载《天府新论》，2008 年第 2 期。

［4］杜悦：《"道德滑坡"还是"道德爬坡"》，载《中国教育报》，2003 年 7 月 17 日。

［5］龚宇平：《"90 后"大学生感恩意识的缺失及培育》，载《学校党建与思想教育》，2009 年第 29 期。

［6］何峰：《新疆少数民族大学生国家认同的途径与方法探索》，载《新疆师范大学学报》（哲学社会科学版），2009 年第 3 期。

［7］江秀玲：《墨家的忧患意识及其特征》，载《社会科学家》，2007 年第 2 期。

［8］李保强：《从道德哲学看责任和公民责任教育》，载《齐鲁学刊》，2007 年第 6 期。

［9］李俊：《思考当代大学生感恩意识缺失》，载《安徽文学》，

2008年第6期。

[10] 刘海涛、郑雪、聂衍刚：《大学生社会责任感的发展特点及影响因素》，载《宁波大学学报》，2011年第3期。

[11] 刘笑敢：《道家式责任感简说》，载《中国道教》，2007年第5期。

[12] 马颖：《社会热点问题在大学生思想政治教育中的应用探析》，载《滁州学院学报》，2013年第6期。

[13] 聂海洋：《责任内涵的新阐释》，载《东北师范大学学报（哲学社会科学版）》，2009年第1期。

[14] 任亚辉：《中国传统儒家责任心理思想探究》，载《心理学报》，2008年第11期。

[15] 王继全、黄兆林：《论当代大学生的社会责任意识教育》，载《浙江理工大学学报》，2006年第3期。

[16] 王美萍、张坤、张文新：《青少年家庭义务感的研究》，载《心理发展与教育》，2001年第3期。

[17] 王兴尚：《论儒法两家的责任伦理》，载《理论界》，2011年第3期。

[18] 王永明、王鹤超：《大学生自我责任感存在问题的原因分析》，载《佳木斯大学社会科学学报》，2013年第10期。

[19] 王曾：《当代大学生生命价值观现状及其原因分析》，载《和田师范专科学校学报》，2009年第2期。

[20] 谢伟华：《社会责任感与大学生成才》，载《高等教育研究》，2006年第3期。

[21] 许海元：《当代大学生生命责任意识现状及培养对策》，

载《道德与文明》，2009年第3期。

［22］燕国材：《论责任心及其培养》，载《中学教育》，1997年第10期。

［23］叶浩生：《中国古代道家责任心理思想及其现代意义》，载《南京师大学报》（社会科学版），2010年第3期。

［24］尹妍、李明建、王明娟：《当代大学生对社会热点问题关注度的调查研究——以宿迁学院为例》，载《产业与科技论坛》，2011年第15期。

［25］张丽娜：《和谐社会呼唤大学生社会责任教育》，载《科技信息》，2009年第2期。

［26］张庆林、史慧颖、范丰慧：《西南地区少数民族大学生民族认同内隐度的调查》，《西南大学学报》（人文社会科学版），2007年第1期。

［27］张媛：《"90后"大学生责任意识现状的问卷分析》，载《吉林省教育学院学报》，2012年第11期。

［28］赵兴奎、张大均：《责任和责任心的涵义与结构》，载《山西财经大学学报》，2007年第10期。

三、学位论文

［1］程岭红：《青少年学生责任心问卷的初步编制》，西南师范大学，2002年硕士论文。

［2］斗拉：《韩非子责任观研究》，华东师范大学2012年硕士论文。

［3］杜兰晓：《大学生国家认同研究》，浙江大学 2014 年博士论文。

［4］李尽晖：《当代大学生道德责任教育研究》，陕西师范大学 2007 年博士论文。

［5］李鹏：《社会责任感的认知神经机制研究》，西南大学 2012 年博士论文。

［6］刘媛媛：《少数民族大学生的国家认同研究——以 Z 大学的少数民族大学生为例》，中南大学 2012 年硕士论文。

［7］裴婷婷：《大学生社会责任感培育研究》，西南大学 2007 年硕士论文。

［8］田园：《大学生行为规范现状研究——以"90 后"大学生为例》，中北大学 2014 年硕士论文。

［9］王红霞：《新疆大学生国家认同状况调查与对策研究》，新疆师范大学 2011 年硕士论文。

［10］张帆：《当代大学生社会责任感培养研究》，渤海大学 2012 年硕士论文。

［11］张彦：《当代大学生社会责任意识研究》，上海师范大学 2010 年硕士论文。